智能船舶机舱自动化

刘金华　吴　晶　李　泽　◆著

中国商业出版社

图书在版编目（CIP）数据

智能船舶机舱自动化 / 刘金华，吴晶，李泽著.
北京 ： 中国商业出版社，2024. 9. -- ISBN 978-7-5208-
3037-9

Ⅰ．U664.82-39

中国国家版本馆 CIP 数据核字第 2024F5Z866 号

责任编辑：王　彦

中国商业出版社出版发行

（www.zgsycb.com　100053　北京广安门内报国寺 1 号）

总编室：010-63180647　编辑室：010-63033100

发行部：010-83120835 / 8286

新华书店经销

廊坊市博林印务有限公司印刷

＊

710 毫米 ×1000 毫米　16 开　12.5 印张　211 千字

2024 年 9 月第 1 版　2024 年 9 月第 1 次印刷

定价：58.00 元

＊ ＊ ＊ ＊

作者简介

刘金华，男，现就职于共青科技职业学院，副教授。毕业于大连海事大学船舶电气工程专业，硕士研究生学历，主要研究方向为船舶电气、轮机工程。省级教师教学创新团队带头人、省级双师型名师工作室负责人；曾获江西省职业教育教学成果奖二等奖。

吴晶，女，现就职于共青科技职业学院，讲师。毕业于江西财经大学旅游与城市管理学院旅游管理专业，硕士研究生学历，主要研究方向为旅游经济，乡村旅游。

李泽，男，现就职于共青科技职业学院航海学院，党支部书记。毕业于马来西亚管理与科学大学教育学专业，硕士研究生学历。

在全球航运业迅速发展的今天，船舶机舱自动化正成为现代船舶设计和运营的重要趋势之一。随着技术的进步和海运需求的增长，船舶需要在效率、安全性和环境友好性方面不断提升。智能化的机舱自动化系统，为船舶的这些需求提供了强有力的支持。智能船舶机舱自动化系统集成了多种先进技术，包括传感器网络、数据采集和处理、自动化控制系统、人工智能和物联网（IoT）等。这些系统通过实时监测和控制船舶机舱内的各类设备和系统，实现了从引擎管理、动力系统控制到环境监测等多方面的智能化和自动化。

传感器和数据采集技术在机舱自动化中发挥了至关重要的作用。通过遍布机舱的各类传感器，系统能够实时获取引擎温度、压力、转速、燃油消耗等关键参数。这些数据通过高效的数据处理模块进行格式化和初步分析，为后续的监控和控制提供了准确可靠的信息基础。自动化控制系统是机舱自动化的核心。利用PLC（可编程逻辑控制器）和DCS（分布式控制系统）等技术，使机舱内的各类设备和系统能够实现精确的自动化控制。这不仅提高了自动化操作的效率和安全性，还减少了人为操作的风险和误差，使得船舶运行更加稳定和可靠。

人工智能和机器学习技术的引入，使得机舱自动化系统具备了自适应和自学习的能力。通过对大量历史数据的分析和模式识别，系统能够预测设备故障和维护需求，实施预测性维护，减少非计划停机时间和维护成本。同时，AI技术还可以优化引擎和动力系统的运行参数，提高燃油效率，降低碳排放，符合日益严格的环境法规。物联网技术的应用，使得机舱自动化系统能够与船舶其他部分和岸上管理系统进行实时联网和数据共享。通过物联网平台，船舶管理者可以远程监控和管理机舱设备，实时获取各种运行数据和报警信息，从而提高船舶的整体管理效率和响应速度。在全球环保意识和法规日益严格的背景下，智能船舶机舱自动化系统还为实现绿色航运提供了重要的技术支撑。通过优化能效管理，减少资源浪费和碳排放，这些系统不仅提升了船舶的经济效益，还促进了航运业的可持续发展。

　　本书旨在全面介绍智能船舶机舱自动化系统的各个方面，包括其关键技术、实际应用案例和未来发展趋势。希望通过本书，能够为相关领域的工程师、研究人员和管理者提供有价值的参考资料，推动智能船舶技术的进一步创新和发展，为全球航运业的现代化进程贡献一份力量。

目 录

第 1 章

船舶自动化简介

随着科学技术的不断进步，越来越多的智能化、信息化技术走进了人们生活的各个领域，使人们对于设备智能化的要求也越来越高。早在 2014 年德国汉诺威工业博览会上，"工业 4.0" 的概念就已经开始受到广泛关注。"工业 4.0" 代表了继工业机械化、工业电气化、工业自动化之后的 "第四次工业革命"，而工业 "智能化" 正是 "工业 4.0" 的核心表现形式。在各个领域，"智能化" 都是近年来技术发展的主要方向。在新一轮工业技术革命如火如荼的大背景下，船舶设计制造领域也正经历着技术变革，船舶 "智能化" 作为这场技术变革的重要一环，将使船舶设计从理念到方法产生质的改变。

作为船舶主辅机的主要布置场所，机舱堪称 "船舶心脏"，其重要性不言而喻。在船舶设计制造领域，船舶自动化的推进和发展很大程度上体现在机舱自动化程度提高上，各船级社的规范中，也对机舱自动化有着详细的规定和要求。因此，"智能机舱" 的实现可以说是在船舶智能化的进程中不可或缺的一个重要方面。

自动化在船舶行业的演变

一、初级自动化（20 世纪中期）

（一）自动调节器

自动调节器是现代船舶机舱管理系统中的关键组成部分，其作用类似于人体的自动调节系统，能够实时监测船舶各种关键设备的运行状态，并根据预设的参数自动调节其工作参数，如速度、压力等，以确保设备在最佳状态下运行，从而提高船舶的效率、安全性和环保性。在船舶运行中，发动机等关键设备的运行参数的稳定与否直接关系到船舶的性能和安全。传统上，这些参数的调节通常由船员手动操作，需要不断监测设备运行状态，并根据实际情况调整参数。然而，由于船舶的运行环境复杂、工作条件变化多端，手动调整存在效率低下、反应不及时等问题。

自动调节器的出现，很好地解决了这一难题。它通过连接各种传感器和执行器，能够实时获取设备运行的关键参数，如温度、压力、流量等，并将这些数据传送到控制系统进行处理。控制系统根据预设的控制算法和设定的目标，自动调节相关的控制参数，使设备保持在最佳运行状态。例如，在主发动机的自动调节系统中，自动调节器可以监测燃料供给、气缸压力、转速等参数，并根据航行情况和负载变化自动调整燃料喷射量和气缸压力，以实现燃油的节约和发动机的高效运行。在压缩机的自动调节系统中，自动调节器可以根据气体压力和需求自动调节压缩机的转速和输出，确保气体的供应稳定和高效。

除了提高船舶的性能和效率外，自动调节器还能提高船舶的安全性。它能够实时监测设备运行的状态，并在发现异常情况时及时采取措施，如自动停机、发出警报等，防止设备因故障而造成更大的损失。在环保方面，自动调节器也发挥着重要作用。通过优化设备的运行参数，它能够降低能耗、减少废气排放，提高船舶的环保性能，符合现代航运业对环保的高要求。

（二）简易监控系统

简易监控系统是船舶机舱管理中一种简单而有效的设备，它利用基本的传感器和报警系统来监测关键设备的运行状态，及时发现异常情况并提供警报，以确保船舶的安全运行。在船舶运行中，各种设备的正常运行对船舶的性能和安全至关重要。然而，由于船舶的运行环境复杂，设备的运行状态难以直观观察，因此需要一种简单而有效的监控系统来实现对设备的实时监测。

简易监控系统通常由一些基本的传感器和报警设备组成。传感器可以监测设备的关键参数，如温度、压力、液位等，并将这些数据传送到报警系统进行处理。当监测到设备运行状态异常时，报警系统会发出声音或光线信号，提醒船员注意并及时采取措施。例如，简易监控系统可以安装在主发动机上，利用温度传感器监测发动机的温度变化，当温度超过设定阈值时，报警系统会自动发出警报，提醒船员检查并采取必要的措施，以避免发动机过热造成损坏。另外，简易监控系统还可以监测船舶的舱室温度、油压、水位等关键参数，以确保船舶的正常运行。例如，监测舱室温度可以防止船舶内部温度过高导致设备损坏或人员中暑，监测油压和水位可以及时发现管道泄漏或设备故障，避免事故发生。

尽管简易监控系统相对于高级监控系统而言功能较为简单，但其在船舶运行中仍具有重要作用。它不仅可以提高船舶设备的安全性和可靠性，还可以降低事故发生的风险，保障船员和船舶的安全。在现代船舶管理中，简易监控系统通常作为一种辅助手段，与其他高级监控系统配合使用，共同实现对船舶设备的全面监测和管理。随着技术的不断发展，简易监控系统的功能和性能也将不断提升，为船舶的安全运行提供更加可靠的保障。

二、中级自动化（20 世纪 70 年代至 90 年代）

（一）PLC

PLC（可编程逻辑控制器）作为一种高效、可靠的控制设备，广泛应用于船舶的各类控制系统中，如发动机管理、泵控制等。它的出现不仅大大提高了船舶设备的自动化水平，还极大地增强了船舶的安全性、可靠性和灵活性。PLC 是一种特殊的微型计算机，它具有强大的处理能力和灵活的编程功能。通过编写程序，PLC 可以根据输入信号和预设的逻辑条件，自动控制各种设备的运行状态，实现各种复杂的控制功能。在船舶中，PLC 通常用于控制发动机、泵、阀门、舵机等关键设备，以实现船舶的自动化运行。

PLC 在发动机管理方面发挥着重要作用。通过连接传感器和执行器，PLC 可以实时监测发动机的运行状态，如温度、压力、转速等，并根据预设的控制算法自动调节燃料供给、气缸压力等参数，以实现发动机的高效、稳定运行。此外，PLC 还可以监测发动机的故障状态，并根据预设的逻辑条件采取相应的应对措施，确保发动机运行的安全可靠。在泵控制方面也具有重要作用。通过连接传感器和泵控制器，PLC 可以实时监测泵的运行状态，如流量、压力、液位等，并根据预设的控制逻辑自动调节泵的运行参数，以满足船舶不同工况下的需求。例如，在船舶的供水系统中，PLC 可以根据船舶的用水量和水压情况自动调节水泵的运行速度，确保供水的稳定和高效。除了发动机管理和泵控制外，PLC 还可以应用于船舶的其他控制系统中，如舵机控制、阀门控制、舱室控制等。通过编写适当的程序，PLC 可以实现对这些设备的自动化控制，提高船舶的操作效率和运行安全性。

（二）集成监控与报警系统

集成监控与报警系统是一种先进而高效的船舶管理系统，它将各个独立的监控系统集成在一起，通过集中控制面板显示和管理，实现对船舶各项运行状态的全面监测和及时报警。这一系统的出现不仅提高了船舶设备的管理效率和运行安全性，还为船员提供了更加便捷、直观的操作界面。在传统的船舶管理中，各个设备通常都有各自独立的监控系统，船员需要分别监测和操作这些系统，存在操作复杂、信息分散的问题。而集成监控与报警系统的出现，通过将各个监控系统集成在一起，将各种监测数据显示在一个集中控制面板上，船员可以一目了然地查看船舶各项设备的运行状态，实现了信息集中化、操作便捷化的优势。

集成监控与报警系统通常由集中控制面板、各种传感器、报警器等组成。通过连接船舶各个设备的传感器，系统可以实时获取设备的运行数据，如温度、压力、流量等，并将这些数据传输到集中控制面板进行处理和显示。当监测到设备运行异常或超出设定的安全范围时，系统会自动发出报警信号，提醒船员注意并及时采取应对措施，以保障船舶的安全运行。除了实时监测和报警功能外，集成监控与报警系统还具有数据记录和分析功能。系统可以对历史数据进行存储和分析，为船舶管理者提供运行状态的历史纪录和趋势分析，帮助他们及时发现设备运行问题，并采取相应的改进措施，提高船舶的运行效率和安全性。在船舶运行中，集成监控与报警系统广泛应用于发动机管理、泵控制、舱室监控等方面。通过集成各种监控系统，系统可以实现对船舶各个方面的全面监控和集中管理，提高了船舶设备的管理效率和运行安全性。

三、高级自动化（20 世纪 90 年代至 21 世纪初）

（一）综合自动化系统

综合自动化系统（IAS）是一种集成船舶多个自动化子系统的先进管理平台，它将船舶的各种自动化系统，如动力、航行、货物管理等，整合到一个统一的平台上，实现了对船舶全方位的集中监控和智能管理。这一系统的出现不仅大大提高了船舶的运行效率和安全性，还为船员提供了更加便捷、直观的操作界面。在传统的船舶管理中，各个自动化子系统通常是独立运行的，船员需要分别操作和监控这些系统，存在信息分散、操作烦琐的问题。而综合自动化系统的出现，通过将各个自动化子系统整合到一个统一的平台上，船员可以通过集中控制面板实时监控和控制船舶的各项运行状态，实现了信息集中化、操作便捷化的优势。

综合自动化系统通常由集中控制面板、各种传感器、执行器、数据处理单元等组成。通过连接船舶各个设备的传感器，系统可以实时采集设备的运行数据，并将这些数据传输到集中控制面板进行处理和显示。船员可以通过集中控制面板对船舶的各种自动化子系统进行监控和控制，实现了对船舶全方位的集中管理。综合自动化系统在船舶运行中发挥着重要作用，特别是在提高船舶的运行效率和安全性方面。通过集成各种自动化子系统，系统可以实现对船舶的动力、航行、货物管理等方面的全面监控和智能管理。例如，在动力管理方面，系统可以监控发动机的运行状态，自动调节燃油供给和气缸压力，以实现发动机的高效、稳定运行。在航行管理方面，系统可以根据船舶的航行条件和目标，自动调节船速和航向，实现船舶的智能航行。在货物管理方面，系统可以实时监测货物的装载情况和船舶的稳定性，自动调节货物的装载位置和重心，确保船舶的安全运输。

（二）数据采集与分析

数据采集系统的引入为船舶管理带来了重大的改变。这一系统能够实时监控船舶各项参数，并进行初步的数据分析和故障诊断，为船舶的安全运行提供了可靠的支持。在传统的船舶管理中，船员通常需要依靠手动检测和观察来监控船舶的各项参数，如发动机温度、船速、船载货物重量等。这种方式存在信息收集不及时、数据分析不精确等问题，容易导致对设备状态的错误判断或对潜在故障的忽视。而引入数据采集系统后，船舶管理变得更加智能化和高效化。数据采集系统通过连接船舶的各种传感器，能够实时采集并记录船舶各项参数的数据，如发动机温度、船速、航向、油压、液位等。这些数据可以通过网络传输到集中控制面板或地面指挥中心，供船员或船舶管理人员实时查看和分析。

数据采集系统不仅可以实时监控船舶的各项参数，还可以对各项参数进行初步的数据分析和故障诊断。通过设定预警阈值和故障规则，系统能够自动检测到设备运行异常或潜在故障，并及时发出警报。例如，当发动机温度超过设定的安全范围时，系统会自动发出警报，提醒船员注意并采取相应的措施，以避免设备损坏或事故发生。另外，数据采集系统还可以进行数据分析，通过对历史数据的统计和分析，发现设备运行的趋势和异常变化，为船舶管理人员提供决策支持和故障诊断的依据。例如，通过分析发动机的运行数据，可以发现燃油消耗异常或机油温度升高等问题，及时进行检修和维护，保障船舶的安全运行。引入数据采集系统为船舶管理提供了全新的可能性和机遇。这一系统不仅实现了船舶各项参数的实时监控和数据采集，还能对各项参数进行初步的数据分析和故障诊断，提高了船舶的运行效率和安全性，为船舶管理带来了革命性的变革。随着技术的不断发展，数据采集系统的功能和性能将不断提升，为船舶的安全运行和经济运营提供更加可靠的支持。

四、智能自动化（21世纪初至今）

进入21世纪，随着物联网（IoT）、大数据、人工智能（AI）等新兴技术的发展，船舶自动化进入了智能化阶段。

（一）远程监控与管理

利用卫星通信和互联网技术实现对船舶的远程监控和管理，是当今船舶行业中的一个重要发展趋势。这一技术的应用不仅极大地提高了船舶管理的效率和安全性，还为船舶运营带来了更多的便利和优势。传统的船舶管理方式存在诸多限制，如船员必须待在船上进行实时监控和管理，信息传输受限等。而利用卫星通信和互联网技术，可以实现船舶与地面指挥中心之间的实时数据传输和通信，实现对船舶的远程监控和管理。

卫星通信技术为船舶提供了广域覆盖的通信能力，使得船舶可以在任何时间、任何地点都能与地面指挥中心进行通信。通过与卫星通信设备连接，船舶可以实现语音通话、文字通信、数据传输等功能，实现与地面指挥中心的实时联络和信息交流。互联网技术为船舶的远程监控和管理提供了强大的支持。船舶上安装了各种传感器和监控设备，如温度传感器、压力传感器、视频监控设备等，这些设备可以实时监测船舶的各项参数和运行状态，并将数据通过互联网传输到地面指挥中心进行分析和处理。地面指挥中心可以通过远程监控软件实时查看船舶的运行情况，及时发现设备异常或潜在风险，并采取相应的措施进行处理，以确保船舶的安全运行。利用卫星通信和互联网技术还可以实现对船舶的远程操作和控制。地面指挥中心可以通过远程控制软件远程操作船舶上的设备，如控制船舶的航行方向、调节发动机的转速等，以满足船舶的运行需求。

（二）智能决策支持系统

通过大数据分析和人工智能（AI）技术，为船员提供智能化的操作建议和决策支持，是船舶管理中的重要发展趋势。这一技术的应用不仅能够提高船舶的运行效率和安全性，还能为船员提供更加准确、可靠的操作建议，使船舶管理变得更加智能化和高效化。大数据分析和 AI 技术的应用为船舶管理带来了全新的可能性。通过连接船舶各种传感器和监控设备，系统可以实时采集并记录船舶各项参数的数据，如船速、航向、发动机温度、油压等。这些数据可以通过大数据分析和 AI 算法进行处理和分析，发现数据之间的关联性和规律性，并生成智能化的操作建议和决策支持。

大数据分析和 AI 技术可以对船舶的运行状态进行实时监测和分析，及时发现设备运行异常或潜在故障。通过建立预测模型和故障诊断算法，系统可以分析历史数据和实时数据，预测设备未来的运行趋势和故障风险，并及时发出警报，提醒船员注意并采取相应的措施，以避免设备损坏或事故发生。大数据分析和 AI 技术还可以为船员提供智能化的操作建议和决策支持。通过分析船舶的运行数据和环境条件，系统可以生成智能化的航行路线和船速控制建议，帮助船员选择最佳的航线和航速，以实现船舶的安全、高效运行。例如，在面对复杂的海况和气象条件时，系统可以根据实时数据和预测模型，为船员提供最佳的航行方案和操纵建议，帮助船舶尽快安全通过。此外，大数据分析和 AI 技术还可以为船舶管理人员提供决策支持和管理建议。通过分析船舶运行数据和市场情报，系统可以为船舶管理人员提供船舶运营的优化建议和管理策略，帮助他们作出更加科学、准确的决策，提高船舶的经济效益和竞争力。

（三）自主航行技术

研发和测试自主航行系统是船舶领域的一项重要任务，其旨在使船舶能够在无须人工干预的情况下自主完成航行任务。这一技术的引入将极大地提升船舶运输的安全性、效率性和可持续性，同时是航运业未来发展的重要方向之一。自主航行系统的研发首先需要借助先进的传感器技术和航行控制系统，以及人工智能和机器学习等技术，实现对船舶航行状态和周围环境的实时感知和分析。通过安装在船舶上的各种传感器，如雷达、摄像头、声呐等系统可以实时监测船舶周围的水域情况、其他船舶的位置和速度、天气状况等信息，并通过航行控制系统进行分析和处理。

自主航行系统需要具备智能决策和路径规划能力，能够根据船舶的航行任务和环境条件，自主制定航行路线和航行策略，并进行实时调整和优化。通过结合船舶的实际情况和预先设定的航行目标，系统可以选择最佳的航线、航速和航向，以确保船舶的安全航行和高效运输。自主航行系统需要进行大量的测试和验证工作，以确保其安全性、稳定性和可靠性。通过在船舶上进行模拟测试和实地试验，系统可以检验其在不同环境条件下的性能表现，并不断优化和完善系统的设计和算法。此外，还需要制定相应的法规和标准，确保自主航行系统的安全性和合规性，为其在航运业中的应用提供法律和技术支持。

智能船舶机舱自动化的背景和概述

一、机舱自动化的背景

（一）技术进步

1. 传感器与控制技术

现代传感器技术的发展使得实时监测变得更加精确和全面。传感器的不断进步使得其在测量、检测和监测各种参数方面具有更高的精度和灵敏度，能够实时准确地感知各种物理量和环境条件。无论是温度、压力、湿度、光线等基本参数，还是流量、速度、位置、姿态等复杂参数，现代传感器都能够实现高精度的监测，为实时数据采集和分析提供了可靠的基础。现代控制技术的发展使得自动控制系统更加智能和高效。控制技术的进步使得自动控制系统具备了更强大的处理能力和优化能力，能够根据传感器实时采集到的数据，自动调节系统参数和执行控制策略，实现对各种设备和系统的自动化控制和优化调整。这不仅提高了生产制造、交通运输、能源等领域的生产效率和运行效率，还降低了人为操作的错误和事故风险，为安全生产和可持续发展提供了保障。

现代传感器和控制技术的发展也为智能化设备和系统的应用提供了更广阔的空间。随着物联网、人工智能、大数据等技术的不断发展，各种智能化设备和系统正在不断涌现，如智能家居、智能工厂、智能交通等，这些设备和系统都离不开现代传感器和控制技术的支持，能够实现更智能化、更自动化的运行和管理，为人们的生活和工作带来更多的便利和舒适。现代传感器和控制技术的发展正在为实时监测和自动控制领域带来革命性的变革，使得监测与控制变得更加可靠和精确。这一趋势不仅推动了各行各业的发展,还为人们的生活带来了更多的便利和安全保障,是科技进步和社会进步的重要体现。

2. 物联网

物联网技术使得船舶的各个系统和设备能够实现互联互通。通过在船舶上部署各种传感器和无线通信设备,船舶的各个系统和设备能够实现实时数据采集和传输,将海洋环境、船舶状态、设备运行等信息进行数字化、网络化处理,实现数据的实时传输和共享。这使得船舶管理者可以随时随地掌握船舶的运行状态和环境条件,及时调整船舶的航行计划和操作方案,提高了船舶的运行效率和安全性。物联网技术为船舶管理提供了更加全面和准确的数据支持。传统的船舶监控系统往往只能监测部分系统或设备的运行状态,而物联网技术则可以实现对船舶的全面监控和管理,包括船舶的动力系统、航行系统、货物管理系统等各个方面。通过实时采集和传输各种数据,如发动机运行参数、船舶位置、货物状态等,船舶管理者可以全面了解船舶的运行情况,及时发现问题并采取相应措施,保障船舶的安全运行和货物的安全运输。

物联网技术的应用促进了航运业的数字化和智能化发展。随着物联网技术在船舶行业的不断普及和应用,航运业正逐步迈入数字化和智能化时代。物联网技术为航运业提供了更多的数据支持和决策依据,使其能够更加科学、精准地进行船舶管理和运营规划,提高了航运业的运行效率和竞争力,推动了航运业的转型升级和可持续发展。物联网技术在船舶行业的应用正在改变着航运领域的运作方式,实现了船舶的各个系统和设备的互联互通,提高了船舶的运行效率和安全性,为航运业的数字化和智能化发展注入了新的动力和活力。随着技术的不断进步和应用的不断推广,物联网技术将为船舶管理和运营带来更多的创新和发展机遇,为航运业的可持续发展贡献更大的力量。

3. 大数据与人工智能(AI)

大数据分析和人工智能(AI)技术的应用正在为船舶行业带来革命性的变革,特别是在处理和分析大量的运行数据方面。这些先进技术不仅提供了对船舶运行状态的实时监测,还为船舶管理者提供了预测性维护和智能决策支持,推动了航运业向数字化和智能化的方向迈进。大数据分析技术为船舶运营提供了更为全面和精确的数据支持。传统的船舶监控系统往往只能实现对有限数量的参数进行监测，而随着各种传感器和监测设备的普及，船舶产生的数据量呈指数级增长。大数据分析技术不仅能够有效地处理和分析这些海量数据，而且提取出有价值的信息和规律，帮助船舶管理者全面了解船舶的运行状态和性能指标，及时发现潜在的问题和风险，为运营决策提供科学依据。人工智能技术的应用使得船舶管理更加智能化和高效化。通过对大数据的深度学习和分析，人工智能技术能够建立起船舶的健康状态模型，预测船舶各种设备的寿命和故障概率，提前制订维护计划和预防措施。此外，人工智能技术还能够为船舶管理者提供智能化的运营建议和决策支持，根据历史数据和实时信息，优化船舶的航行路线、速度和货物管理方案，提高船舶的运营效率和经济效益。

大数据分析和人工智能技术的应用也为船舶行业带来了更多的创新和发展机遇。随着技术的不断进步和应用的不断推广，相信大数据分析和人工智能技术将为船舶管理和运营带来更多的创新和发展机遇，推动航运业向数字化和智能化的方向迈进，为航运业的可持续发展贡献更大的力量。大数据分析和人工智能技术的应用正在为船舶行业带来革命性的变革，提供了对船舶运行状态的实时监测、预测性维护和智能决策支持，推动了航运业向数字化和智能化的方向迈进。随着技术的不断进步和应用的不断推广，相信大数据分析和人工智能技术将为船舶管理和运营带来更多的创新和发展机遇，为航运业的可持续发展贡献更大的力量。

（二）航运业需求

1. 效率提高

航运公司正处在追求更高运营效率和降低成本的关键时期。为了应对日益激烈的市场竞争和不断增长的运营压力，航运公司越来越倾向于采用自动化技术来提高船舶运行效率，并在此过程中降低运营成本。这一趋势既反映了航运业的现实需求，也代表了技术进步在该行业的重要作用。

自动化技术能够有效提高船舶的运行效率。传统船舶的操作和管理往往需要大量的人力投入，并且存在人为操作误差和效率低下的问题。通过引入自动化技术，船舶公司可以实现对船舶的自动化控制和智能化管理，从而提高航行速度、优化航线规划、提高货物装卸效率等方面，大幅度提高船舶运行效率。自动化技术可以降低运营成本。随着自动化技术的不断发展，船舶公司可以减少人力成本和运营成本，提高船舶的运行效率和经济效益。自动化技术能够实现船舶的智能化运行和管理，减少人力资源的浪费和成本支出，同时通过优化航线规划和能源利用等方面，进一步降低船舶的运营成本，提高企业的竞争力和盈利能力。自动化技术的应用也可以提高船舶运营的安全性和可靠性。自动化系统能够实现对船舶运行状态的实时监测和智能控制，及时发现和处理潜在的安全隐患和故障，保障船舶的安全运行。此外，自动化技术还能够优化船舶的航行路线和操作流程，减少事故发生的可能性，提高船舶的运营可靠性和安全性。

2. 安全性增强

自动化系统能够实现对设备状态的实时监测。传统上，人们往往需要通过人工巡检或定期维护来检查设备的运行状态，但这种方法存在着效率低下和盲目性的问题。通过引入自动化监测系统，设备的各项参数和运行状态可以被实时采集和监测，无须人工干预，大大提高了监测的准确性和实时性，有助于及时发现设备异常情况并采取相应措施。自动化系统能够提前预警设备故障。基于实时监测数据，自动化系统可以通过预设的算法和模型对设备进行故障预测和预警，及时发现设备潜在的故障风险并发出警报。这使得设备管理者能够提前采取维护措施，避免因设备故障造成生产中断和损失，提高了生产制造、交通运输等行业的安全性和稳定性。

自动化系统能够减少人为操作失误，进一步提高整体安全性。人为操作失误是造成许多事故和故障的主要原因之一，通过引入自动化系统，可以减少人为操作的干预，降低了操作过程中人为失误的可能性。自动化系统能够自动执行任务和控制操作，减少了人工操作的介入，提高了操作的精确性和可靠性，为生产制造、交通运输等行业的安全性提供了更加坚实的保障。自动化系统的应用使得实时监测设备状态、预警故障和提高安全性成为可能。通过实现设备状态的实时监测、预警故障、减少人为操作失误，自动化系统为各行各业的生产制造、交通运输等行业的安全生产和可持续发展提供了重要支持，为社会经济的发展和进步作出了贡献。

3. 环保要求

自动化系统的广泛应用正在为船舶行业带来一场环保革命。这些系统不仅可以优化燃料使用，还能够精确控制排放，帮助船舶业符合日益严格的环保法规。这一趋势不仅推动了航运业向环保友好型的转变，也为保护海洋环境作出了积极贡献。自动化系统可以优化船舶的燃料使用效率。通过实时监测船舶的动力系统、航速、航线等参数，自动化系统可以根据实际情况对发动机进行智能控制和优化调节，使其在保证船舶正常运行的前提下，尽可能地降低燃料消耗。这不仅可以节约能源资源，降低船舶的运营成本，还能够减少燃料燃烧产生的污染物排放，对减缓气候变化、提高空气质量具有积极作用。

自动化系统可以精确控制船舶的排放。船舶排放是海洋环境污染的重要来源之一，特别是氮氧化物（NOx）、硫氧化物（SOx）和颗粒物等有害物质的排放对海洋生态环境造成了严重影响。通过引入自动化排放控制系统，船舶可以实现对排放的精确控制和监测，根据不同的环境条件和航行状态调整排放参数，最大程度地减少有害气体的排放，保护海洋环境的生态平衡和可持续发展。自动化系统可以帮助船舶符合日益严格的环保法规。随着国际社会对海洋环境保护重视程度的不断提高，各国和地区相继出台了一系列严格的环保法规和标准，要求船舶必须达到更高的环保排放标准。自动化系统的应用使得船舶可以更加方便地实现对排放的控制和监测，确保其符合相关的环保法规要求，避免因排放问题而受到罚款或限制，保障船舶的合法运营和可持续发展。

（三）监管与法规

1. 国际海事组织

国际海事组织（IMO）不断推出新的规定，要求船舶在安全、环保和效率方面达到更高的标准，反映了全球对海运行业可持续发展的迫切需求。这些规定的实施，不仅提高了船舶运营的标准和质量，还推动了船舶行业朝着更加安全、环保和高效的方向发展。

IMO规定的安全标准的提高是保障海上安全的重要举措。随着海洋交通的增加和船舶技术的发展，海上安全面临着日益复杂和多样化的挑战。IMO规定了一系列的安全标准和要求，包括船舶结构、设备、船员培训等方面，旨在确保船舶的安全运行和船员的安全，减少事故和灾害的发生，保护海洋环境和人类生命财产安全。IMO规定的环保标准的提高是应对海洋环境污染的重要举措。海洋环境污染已成为全球关注的焦点之一，船舶排放是海洋环境污染的重要来源之一。IMO规定了船舶排放的限制和要求，包括硫氧化物、氮氧化物、颗粒物等污染物的排放限值，要求船舶采取措施以减少污染物排放，保护海洋生态环境的健康和可持续发展。IMO规定的效率标准提高是提高船舶运输效率和经济效益的重要举措。随着全球贸易的不断增长和竞争的加剧，船舶运输效率和经济效益成为航运业关注的重点。IMO规定了船舶设计、航行规划、货物装卸等方面的效率标准和要求，旨在提高船舶运输的效率和经济性，降低船舶运营成本，提高企业的竞争力和盈利能力。

2. 区域法规

各国和各地区的航运监管机构在推动船舶自动化方面发挥着至关重要的作用。通过推动船舶自动化，可以提高航运业的整体水平，促进航运业的可持续发展，同时能够更好地保障海上安全和环境保护。航运监管机构推动船舶自动化，是为了提高航运业的整体水平。随着科技的不断进步，航运业也应该与时俱进，采用先进的技术和方法来提高运输效率、降低成本，并提供更可靠的服务。船舶自动化可以实现对船舶的智能监控和管理，有效提高了船舶的运行效率、安全性和可靠性，从而提高了整个航运业的水平和竞争力。

航运监管机构推动船舶自动化，是为了促进航运业的可持续发展。航运业是全球贸易的重要组成部分，但同时面临着日益严峻的环境和安全挑战。通过推动船舶自动化，可以减少船舶的碳排放和其他污染物排放，保护海洋环境；同时可以提高船舶的安全性，降低事故和灾害的发生率，保障船员和船舶的安全。航运监管机构推动船舶自动化，也是为了更好地保障海上安全和环境保护。航运业是国际化的产业，船舶在全球各个海域进行航行，需要遵守不同国家和地区的法规和标准。航运监管机构可以通过制定统一的标准和规定，推动船舶自动化在全球范围内的应用，确保船舶在不同海域的安全运行和环境保护。

二、机舱自动化的概述

智能船舶机舱自动化涉及利用先进的技术来管理和控制船舶机舱内的各种设备和系统。其核心目标是提高效率、增强安全性和减少对环境的影响。

（一）综合监控与控制系统

1. 中央控制系统

中央控制系统是现代船舶机舱中的关键组成部分，它是一个集成的平台，能够监控和控制机舱内的各种设备，包括发动机、发电机、泵、通风系统等。这一系统的引入，极大地提高了船舶运行的效率、安全性和可靠性，对于船舶的正常运行起着至关重要的作用。中央控制系统实现了对机舱内设备的全面监控。传统上，船舶机舱内的设备监控往往需要依靠人工进行，这不仅效率低下，而且存在监控盲区和漏检问题。而中央控制系统通过安装各种传感器和监测设备，可以实时获取设备的运行参数和状态信息，将这些信息汇集到一个集中的控制平台，船员可以通过该平台随时随地监控设备的运行情况，及时发现异常情况并采取相应的措施，保障船舶的安全运行。

2. 实时监测

在现代船舶工程中，传感器的运用已成为船舶自动化的重要组成部分。这些传感器能够收集各种设备的实时数据，如温度、压力、振动等，从而实现对设备运行状态的实时监测。这种实时监测不仅提高了船舶运行的安全性和可靠性，还为船员提供了重要的数据支持，以便他们更好地管理和维护船舶。传感器可以实时监测设备的温度，船舶机舱内的各种设备和系统，如发动机、电气设备等，都需要保持适当的工作温度才能正常运行。传感器可以实时监测设备的温度变化，并将数据反馈给中央控制系统，以便及时调整设备的工作状态，保证设备在安全的温度范围内运行，避免因温度过高或过低而引发故障或事故。

（二）自动化操作

1. 自动调节

利用传感器数据自动调整设备的运行参数，以确保船舶的最佳性能和效率，是现代船舶工程中的一项重要技术创新。通过实时监测船舶各种设备的运行状态，并根据传感器数据实现对设备运行参数的自动调整，不仅提高了船舶的运行效率和性能，还降低了能源消耗和排放，为船舶运营带来了显著的经济和环境效益。利用传感器数据自动调整设备的运行参数能够实现对船舶性能的优化。船舶在不同的航行状态和环境条件下，需要调整各种设备的运行参数，以实现最佳性能和效率。传感器可以实时监测船舶各种设备的运行状态，如发动机的负载、转速、温度等，将实时数据传输给中央控制系统，系统通过预设的算法和模型对传感器数据进行分析和处理，并自动调整设备的运行参数，以确保船舶在不同的航行状态下始终保持最佳的性能和效率。

2. 自动报警

自动触发报警系统能够及时发现设备的异常情况。船舶在航行过程中，各种设备可能会出现各种异常情况，如温度过高、压力异常、振动异常等。通过安装传感器并与中央控制系统相连，当传感器检测到设备的异常情况时，系统会自动触发报警，立即通知船员，并提供详细的故障信息，以便船员能够及时了解设备的异常情况，并作出相应的应对措施，防止故障进一步扩大，保障船舶的安全运行。自动触发报警系统能够提供详细的故障信息。报警信息通常包括故障类型、发生位置、严重程度等详细信息，以便船员能够全面了解故障情况，并作出准确的判断和决策。这些详细的故障信息有助于船员快速定位故障原因，并采取相应的应对措施，如紧急停机、更换受损部件等，最大限度地减少船舶的损失，保障船舶和船员的安全。

（三）数据分析与预测

1. 数据采集

持续记录设备运行数据可以提供设备运行状态的全面信息。船舶上的各种设备和系统，如发动机、液压系统、通风系统等，都会产生大量的运行数据。通过持续记录这些数据，船舶管理者可以全面了解设备的运行状况，包括设备的工作时间、负载情况、温度、压力等参数，以及设备的运行稳定性、故障频率等指标，为设备的运行管理和维护提供重要的参考依据。持续记录设备运行数据可以帮助船舶管理者预测设备可能出现的问题。通过对历史数据的分析，船舶管理者可以发现设备的运行规律和变化趋势，及时发现设备运行异常的迹象，并提前预测可能出现的问题。比如，通过分析发动机的工作时间和负载情况，可以预测发动机的寿命和维护周期，及时采取维护措施，避免因设备故障而影响船舶的正常运行。

2. 智能分析

利用大数据和人工智能（AI）技术进行数据分析，预测设备的故障和维护需求，以及优化运行策略，已成为船舶运营管理中的一项重要举措。这种技术手段不仅能够实现设备故障的早期预警，提高设备的可靠性和安全性，还可以优化设备的运行策略，降低维护成本和能源消耗，为船舶运营管理提供了更加智能化和高效化的解决方案。利用大数据和 AI 技术进行数据分析可以实现对设备故障的预测。通过收集、存储和分析船舶各种设备的运行数据，利用 AI 算法对这些数据进行建模和分析，可以发现设备运行中的规律和变化趋势，识别出设备可能出现的故障迹象，并提前发出预警。比如，通过分析发动机的运行数据，可以发现发动机的温度和压力异常升高，预示着可能存在故障风险；通过分析舵机的运行数据，可以发现舵机的振动和响声异常，预示着可能存在机械磨损或松动问题。这种早期预警可以帮助船舶管理者及时采取维护措施，避免因设备故障而影响船舶的正常运行。

（四）远程监控与管理

1. 远程访问

随着卫星通信和互联网技术的不断发展，远程监控和管理已经成为船舶运营管理的一项重要手段。通过利用卫星通信和互联网技术，船舶可以与地面监控中心实现实时的数据传输和信息交换，实现对船舶的远程监控和管理，为船舶运营管理提供了更加便捷、高效的解决方案。利用卫星通信和互联网技术实现对船舶的远程监控。船舶上安装的传感器和监控设备可以实时采集船舶的各种运行数据，如船舶的位置、航速、航向、船载设备的运行状态等。这些数据通过卫星通信和互联网技术传输到地面监控中心，船舶管理者可以实时了解船舶的运行状况，监控船舶的航行轨迹和运行状态，及时发现可能存在的安全隐患和问题，作出相应的调度和应对措施，保障船舶的安全运行。

2. 远程诊断

远程诊断和指导维修已成为船舶运营管理中一项极具价值的技术。专家可以通过远程技术，如卫星通信和互联网，远程连接到船舶的监控系统，实时监测设备状态，并根据故障信息和数据分析，远程诊断设备故障，并指导船员进行维修。这项技术不仅提高了船舶的维修效率和质量，还降低了船舶的维修成本和停船时间，为船舶运营管理带来了重大的价值和益处。远程诊断和指导维修技术实现了专家与船舶之间的实时连接。通过卫星通信和互联网技术，专家可以远程连接到船舶的监控系统，实时监测船舶各种设备的运行状态和性能参数。一旦发现设备出现异常情况或故障，专家可以立即进行远程诊断，并根据实时数据分析，确定故障原因和维修方案，迅速采取相应的措施，以确保船舶的安全运行。

（五）能效管理

1. 能耗监控

实时监控机舱内各设备的能耗情况可以帮助船舶管理者了解设备的能耗分布和消耗情况。船舶上的各种设备，如发动机、发电机、液压系统等，都会消耗大量的能源。通过实时监控设备的能耗情况，船舶管理者可以了解每台设备的能耗情况，确定设备的能耗分布和消耗比例，为节能降耗提供参考依据。实时监控机舱内各设备的能耗情况可以识别出高能耗设备的操作。通过对设备能耗数据的分析，船舶管理者可以识别出能耗较高的设备操作，发现能耗异常和浪费现象，及时采取措施加以调整和优化。比如，通过分析发动机的能耗数据，可以发现发动机负载过大或者运行不稳定，造成能源浪费；通过分析发电机的能耗数据，可以发现发电机的运行时间过长或者效率较低，造成能源浪费。

2. 优化策略

根据能耗数据优化设备的运行策略可以降低高能耗设备的负载。通过分析能耗数据，船舶管理者可以了解各设备的能耗情况和运行状况，发现负载过大或者运行不稳定的高能耗设备，进而调整其负载分配，减轻其负荷，降低其能耗水平。比如，通过调整发动机的负载分配，减少发动机的运行负荷，可以降低发动机的能耗水平，提高其能源利用效率，实现节能降耗。根据能耗数据优化设备的运行策略可以改善设备的运行模式。通过分析能耗数据，船舶管理者可以了解设备的运行模式和效率，发现运行时间过长或者效率较低的设备，进而调整其运行模式，优化其运行效率，降低其能耗水平。比如，通过调整发电机的运行模式，控制其运行时间和功率，可以降低发电机的能耗水平，提高其能源利用效率，实现节能降耗。

（六）应急响应

1. 应急预案

自动化系统能够根据预设的应急方案，在发生紧急情况时迅速作出响应。通过传感器监测船舶各部分的运行状态和环境参数，自动化系统可以实时获取船舶的信息。当监测到异常情况时，如火灾、泄漏或其他紧急情况，自动化系统可以立即执行预设的应急措施，如关闭相关设备、启动灭火系统、关闭泄漏阀等，以最大限度地减少事故的发生和扩散，保障船舶和船员的安全。自动化系统的执行速度和准确性极大地提高了紧急情况下的反应能力。相比人工干预，自动化系统能够在毫秒级别作出反应，迅速采取必要的行动，避免了人为操作的延迟和误差。这对于一些需要在极短时间内作出决策的紧急情况尤为重要，如火灾或泄漏等突发事件。自动化系统的快速响应和准确执行，有效地减少了紧急情况造成的损失和伤害。

2. 快速反应

实时监测和自动报警系统在船舶运营管理中扮演着至关重要的角色，特别是在面临紧急情况时，它们能够迅速响应并触发预设的应急措施，极大地减少了损失和伤害。实时监测系统通过各种传感器和监控设备对船舶各部分的运行状态、环境参数，以及设备性能进行持续监测。这些传感器可以监测诸如温度、压力、流量、振动等关键参数，并实时反馈到监控系统中。一旦系统检测到任何异常情况，如火灾、泄漏、机械故障等，它会立即触发自动报警系统，发出警报信号。自动报警系统接收到警报信号后，会迅速启动预设的应急措施。这些措施可能包括自动关闭相关设备、启动灭火系统、关闭泄漏阀等。通过自动执行这些预设措施，系统可以迅速控制事态的发展，并最大限度地减少事故的扩散和损失。这种自动化的应急响应大大提高了船舶在紧急情况下的安全性和稳定性。

第 2 章

传感技术与数据采集

传感技术的应用范围涵盖了船舶的各个领域，从发动机到船体结构，再到货物和设备，都可以通过传感器进行实时监测和数据采集。例如，温度传感器可以监测引擎和设备的温度变化，压力传感器可以监测船舶内部和外部的压力情况，加速度传感器可以监测船体的振动和运动状态。这些传感器通过实时采集数据，为船舶运营提供了重要的信息支持。数据采集是传感技术的核心功能之一。传感器不仅能够监测各种物理量，还能够将监测到的数据头时传输到船舶的数据采集系统中。这些数据包括温度、压力、湿度、振动等各种参数，通过对这些数据的分析和处理，船舶管理人员可以及时了解船舶的运行状态，识别潜在问题，并采取相应的措施进行处理。数据采集还为船舶运营提供了重要的决策和支持。通过对历史数据和实时数据的分析，船舶管理人员可以制订合理的运营计划和维护策略，提高船舶的运行效率和安全性。例如，根据发动机温度数据的变化趋势，可以预测发动机的故障风险，并及时进行维护，避免因故障而造成的停航和损失。

传感器在船舶机舱中的应用

一、传感器在船舶机舱中的应用

在现代船舶的机舱中，传感器技术的应用已成为确保船舶安全、高效运行的关键。各种类型的传感器被用于监测机舱内的设备状态和环境参数，提供实时数据支持维护和应急响应。

（一）温度传感器

温度传感器是船舶机舱中最常用的传感器之一，用于监测发动机、发电机、燃油系统、冷却系统等设备的温度。

1. 应用

在船舶运行中，发动机是船舶的心脏，而温度则是发动机健康状态的重要指标之一。为了确保发动机以及相关设备的正常运行，船舶机舱内广泛应用了温度传感器，用于监测发动机缸体、涡轮增压器、轴承和润滑油的温度。

发动机缸体是发动机内部燃烧过程的核心部件，其温度直接影响着燃烧效率和发动机的性能。温度传感器被安装在发动机缸体表面，实时监测着其温度变化。通过对发动机缸体温度的监测，船员可以及时发现缸体过热或过冷等异常情况，并采取相应的措施，确保发动机正常运行。涡轮增压器是提高发动机功率和效率的关键部件之一，其温度也需要得到严密监测。温度传感器安装在涡轮增压器的进气和排气端，实时监测着其工作温度。通过监测涡轮增压器的温度，船员可以及时发现涡轮增压器温度过热或过冷等问题，预防涡轮增压器受损或失效，保证发动机的正常工作。

轴承是发动机运转中承受压力和摩擦的关键部件之一，其温度直接影响着轴承的润滑情况和寿命。温度传感器被安装在轴承附近，实时监测着其工作温度。通过监测轴承的温度变化，船员可以判断轴承是否存在过热、过冷或润滑不良等问题，及时进行检修和维护，保障轴承的正常工作。润滑油在发动机运行中起着润滑、冷却和密封的重要作用，其温度对发动机的工作状态具有重要影响。温度传感器被安装在润滑油系统的关键部位，实时监测着润滑油的温度。通过监测润滑油的温度变化，船员可以及时发现油温异常升高或降低，并采取相应措施，保证润滑油的正常运行，减少发动机磨损和故障的发生。

2. 作用

温度传感器在船舶机舱中的应用，为船员提供了关键的温度数据支持，使他们能够及时采取措施，确保船舶设备的安全运行。温度传感器的安装位置涵盖了船舶机舱中各个关键设备的重要部位，如发动机、涡轮增压器、轴承和润滑油系统等。这些传感器实时监测着设备的运行温度，将数据传输到监控中心或控制室，为船员提供即时的温度信息。

当温度传感器检测到设备温度超过安全范围时，系统将立即发出警报，提醒船员注意并采取相应措施。船员可以根据温度数据，快速判断设备是否存在过热现象，及时采取降温措施，如增加散热风扇的转速、调整冷却系统的工作参数等，以避免设备因过热而导致的机械故障。如果设备温度持续升高或达到危险水平,船员可能需要考虑停机检修,以彻底解决问题。停机检修将有助于船员对设备进行全面检查和维护,发现并解决潜在的问题,防止火灾和更严重的机械故障发生。温度传感器的应用不仅提高了船员对设备运行状态的监控能力,还大大提高了船舶的安全性和可靠性。通过及时监测设备的运行温度,并采取相应的预防和维护措施,使船员能够有效地降低事故风险,保障船舶和船员的安全。因此,温度传感器在船舶机舱中的应用,对船舶运行的安全性和稳定性起着至关重要的作用。

(二)压力传感器

压力传感器用于监测机舱内液压系统、燃油系统和冷却系统的压力。

1. 应用

在船舶工程中,压力传感器扮演着至关重要的角色。它们的作用不仅限于测量燃油管道、冷却液管道和液压设备的压力,而且对于船舶的安全性和可靠性起着至关重要的作用。燃油是推动引擎的生命线。通过安装压力传感器,船员可以实时监测燃油管道中的压力情况。这种实时监测能够帮助船员及时发现任何燃油管道泄漏或阻塞的问题,从而及时采取措施,避免可能导致火灾或燃料耗尽的危险情况发生。

冷却液管道也是船舶中不可或缺的部分。发动机和其他关键设备的正常运行需要保持适当的温度。压力传感器的安装可以监测冷却液管道中的压力,从而及时发现冷却系统的故障或泄漏。这种早期发现可以防止发动机过热,降低因此造成的损坏,并确保船舶持续稳定地运行。液压系统在船舶中也扮演着关键的角色。它们用于控制舵机、起重机、绞车等重要设备。通过安装压力传感器,船员可以实时监测液压系统中的压力变化,从而及时发现系统中的故障或泄漏。这种及时发现可以避免设备运行失控或因液压系统故障而导致的事故。

2. 作用

为了防止管道泄漏和系统故障,船舶广泛应用压力传感器。这些传感器不仅能实时监测关键管道和设备的压力,还能在压力异常时发出警报,提示船员检查和处理警报,从而保障船舶的安全和高效运行。燃油管道系统是船舶动力系统的重要组成部分。燃油在高压下被输送到发动机,以维持其正常运转。通过安装压力传感器,船员可以实时监测燃油管道的压力,确保其在安全范围内运行。如果燃油管道的压力异常升高或降低,系统会立即发出警报。

这种警报机制使船员能够迅速采取行动，检查燃油管道，发现并修复泄漏或阻塞问题，防止燃油供应中断或火灾等严重事故的发生。

冷却液管道系统在维持发动机和其他关键设备的正常运行中起着关键作用。发动机运行时会产生大量热量，冷却液通过管道循环，吸收并散发这些热量，以防止发动机过热。压力传感器可以实时监测冷却液管道的压力，确保冷却系统正常工作。当压力异常时，系统会发出警报，提示船员检查冷却液管道，及时处理任何泄漏或阻塞问题，防止发动机因过热而损坏，从而延长设备的使用寿命和运行效率。液压系统在船舶的操作和控制中也至关重要，广泛应用于舵机、起重机和绞车等设备。液压系统通过高压液体传递动力，实现设备的精确控制和操作。压力传感器的应用可以确保液压系统在安全压力范围内运行。当液压系统的压力异常时，系统会发出警报，提示船员进行检查和维护，防止因液压系统故障导致设备失灵或意外事故的发生。

（三）流量传感器

流量传感器用于测量液体和气体在管道中的流动速度和流量。

1. 应用

在现代船舶工程中，流量传感器的应用日益广泛且至关重要。它们主要用于监测燃油、冷却液和空气的流量，确保各个系统的高效和安全运行。通过实时监测这些关键流体的流量，流量传感器不仅提高了船舶的运行效率，还有效预防了潜在的故障和事故。燃油流量的监测在船舶运营中具有重要意义。燃油是船舶发动机的主要能源，其消耗量直接影响到船舶的航行成本和经济效益。流量传感器可以实时测量燃油的流量，帮助船员精确了解燃油消耗情况，并及时调整燃油供应，确保发动机以最佳效率运行。此外，通过监测燃油流量，船员可以及早发现燃油泄漏或阻塞的问题，从而避免燃油浪费和环境污染，确保航行安全。

冷却液的流量监测对于维持船舶设备的正常运转至关重要。船舶发动机和其他设备在运行过程中会产生大量热量，冷却液通过管道循环，吸收并带走这些热量，防止设备过热。流量传感器能够实时监测冷却液的流量，确保冷却系统正常工作。当冷却液流量异常时，传感器会发出警报，提示船员进行检查和维护，防止因冷却液不足或管道阻塞导致设备损坏，从而延长设备的使用寿命和提高运行效率。空气流量的监测也是船舶运行中不可忽视的一环。船舶发动机的燃烧过程需要充足的空气供应，才能保证燃油的充分燃烧和高效能输出。流量传感器可以实时监测空气流量，确保发动机获得适量的空气，从而优化燃烧过程，提高燃油效率，减少有害气体排放。此外，通过监测空气流量，船员可以及时发现和处理空气滤清器的堵塞问题，保证发动机在清洁、畅通的空气环境中运行，减少磨损和故障的发生。

2. 作用

通过实时监测燃油、冷却液和空气的流量，流量传感器不仅提高了船舶的运行效率，还为船舶的安全和稳定提供了坚实的保障。燃油流量传感器在船舶运营中的重要性不容忽视。燃油是船舶发动机的主要能源，燃油供应的稳定性直接关系到发动机的正常运行。燃油流量传感器能够实时监测燃油的流量，确保燃油供应的连续性和稳定性。通过精确测量燃油流量，船员可以及时发现燃油供应不足或过量的问题，从而调整燃油供给，避免发动机因燃油不足而熄火或因燃油过量而导致燃烧不完全，保持发动机的高效运行。这不仅提高了船舶的航行效率，还减少了燃油消耗和环境污染。

冷却液流量传感器在维持设备正常运转方面发挥着关键作用。船舶发动机和其他设备在运行过程中会产生大量热量，冷却液通过管道循环带走这些热量，防止设备过热。冷却液流量传感器实时监测冷却液的流量，确保冷却系统正常工作。当冷却液流量不足时，传感器会发出警报，提示船员进行检查和维护，防止因冷却液不足或管道阻塞导致的设备过热和损坏。相反，如果冷却液流量过大，则可能导致冷却系统压力过高，损坏管道和设备。流量传感器帮助船员保持冷却液流量在适当范围内，确保冷却系统的高效和安全运行。

空气流量传感器对于船舶发动机的正常运行也至关重要。发动机的燃烧过程需要充足的空气供应，以确保燃油的充分燃烧和高效能输出。空气流量传感器能够实时监测进入发动机的空气流量，确保其在适当范围内。精确控制空气流量，使传感器帮助船员优化燃烧过程，提高燃油效率，减少有害气体排放。当空气流量不足时，传感器会发出警报，提示船员检查和清理空气滤清器，避免因空气供应不足而导致的燃烧不完全和发动机损坏。

（四）振动传感器

振动传感器安装在发动机、发电机和其他旋转机械设备上，用于监测设备的振动情况。

1. 应用

振动传感器在发动机监测中的应用尤为重要。船舶发动机是动力系统的核心，其正常运行直接关系到船舶的航行安全和效率。振动传感器能够实时检测发动机的振动情况，帮助船员及时发现潜在的问题。发动机在运行过程中，因磨损、平衡失调或零部件松动等原因可能会产生异常振动。振动传感器通过监测这些振动变化，可以提前预警发动机的潜在故障，使船员能够及时采取措施进行检修和维护，避免因发动机故障导致停机或航行中断，从而保障船舶的正常运行。

发电机作为船舶的重要设备之一，其稳定运行对于船舶的电力供应至关重要。发电机在运行过程中，如果出现不平衡或部件磨损等问题，也会产生异常振动。振动传感器通过监测发电机的振动情况，可以及时发现这些问题，提示船员进行检查和维修，防止因发电机故障导致电力供应中断。此外，振动传感器还可以帮助优化发电机的运行状态，提高发电效率，延长设备使用寿命。泵系统在船舶中也扮演着关键角色，广泛应用于燃油供应、冷却液循环和压载水处理等方面。泵在运行过程中，若出现轴承磨损、叶轮不平衡或管道堵塞等问题，也会导致异常振动。振动传感器可以实时监测泵的振动情况，帮助船员及时发现和解决这些问题，防止泵故障引起的系统停机或效率降低。通过监测和控制泵的振动，振动传感器还可以优化泵的运行状态，提高能源利用效率，减少运行成本。

2. 作用

振动传感器能够有效监测船舶发动机的运行状态。发动机是船舶的动力核心，其正常运行至关重要。振动传感器能够实时捕捉发动机的振动数据，通过分析这些数据，船员可以识别出轴承磨损、不平衡和松动等问题。例如，轴承磨损会导致振动频率和幅度的异常变化，这些变化可以通过振动传感器精确捕捉。当发现这些异常信号时，船员可以立即安排检查和更换磨损的轴承，从而避免发动机因轴承故障而导致停机或严重损坏。

振动传感器通过监测发电机的振动情况，可以及时发现不平衡、松动或其他潜在问题。例如，发电机转子的不平衡会引起明显的振动变化，通过分析这些振动数据，船员可以迅速定位问题，并进行相应的平衡调整，以确保发电机的正常运行。此外，振动传感器还可以帮助船员监测发电机轴承的状态，及早发现并更换有问题的轴承，防止因轴承故障导致发电机损坏。

振动传感器在泵系统中的应用同样重要。通过监测泵的振动数据，船员可以及时发现叶轮不平衡、轴承磨损或管道松动等问题。例如，叶轮不平衡会引起泵的剧烈振动，影响其正常运行和效率。通过分析振动数据，船员可以迅速识别出问题所在，并进行必要的平衡调整或部件更换，以确保泵系统的高效和可靠运行。

（五）湿度传感器

湿度传感器用于监测机舱内的湿度水平，特别是在电子设备和储藏区域。

1. 应用

湿度传感器在机舱中的应用尤为重要。机舱是船舶的"心脏"，集中了动力系统、控制系统和许多精密设备。高湿度环境可能导致电子设备的腐蚀、短路和故障，进而影响整个船舶的正常运行。湿度传感器能够实时监测机舱内的湿度水平，当湿度过高时，传感器会发出警报，提示船员采取措施，如启动除湿设备或增加通风，以降低机舱内湿度，防止设备受潮损坏。这不仅延长了设备的使用寿命，还确保了船舶的安全和高效运行。湿度传感器在储藏室的应用也至关重要。船舶储藏室通常用于存放货物、食品和其他物资，这些物品对存储环境的湿度要求非常严格。过高的湿度会导致货物霉变、腐烂或损坏，造成经济损失。湿度传感器能够实时监测储藏室内的湿度变化，确保其保持在适宜的范围内。当湿度超过预定值时，传感器会发出警报，提醒船员进行调节，启动通风或除湿设备，确保储藏室内的货物保持干燥和安全。这样不仅保护了货物的质量，还提高了客户的满意度和信任度。

湿度传感器在船舶环境监测中的作用也不容忽视。船舶在航行过程中，常常会经历不同的气候和海洋环境变化，这些变化会影响船舶内部的湿度水平。湿度传感器可以帮助船员及时了解和应对这些变化，保持机舱和储藏室的环境稳定。例如，在热带海域航行时，高温、高湿的环境可能导致机舱和储藏室的湿度上升，而在寒冷的极地海域，湿度水平可能骤降。湿度传感器的实时监测功能，使船员能够根据具体情况，灵活调整船舶内部环境，确保设备和货物的安全。

2. 作用

机舱集中了船舶的动力系统、控制系统和许多精密设备。高湿度环境可能导致电子设备的故障，因为湿气容易渗入电子元件，造成短路或腐蚀。湿度传感器可以实时监测机舱内的湿度水平，当湿度过高时，传感器会发出警报，提示船员采取措施，如启动除湿设备或增加通风，以降低湿度，防止设备受潮损坏。这不仅延长了电子设备的使用寿命，还确保了船舶的安全和高效运行。

湿度过高还会导致金属部件的腐蚀。机舱内的许多设备和管道都是由金属制成的，如果环境湿度过高，金属部件就会发生氧化反应，导致锈蚀和损坏。湿度传感器通过监测和控制机舱内的湿度水平，可以有效防止这种情况的发生，减少因金属腐蚀导致设备故障和维护成本。相反，湿度过低也会引发问题。低湿度环境容易产生静电，而静电放电可能会对电子设备造成严重的损害。尤其是在寒冷干燥的极地海域航行时，静电问题尤为突出。湿度传感器可以帮助船员及时了解和调节机舱内的湿度水平，防止因湿度过低导致静电问题，确保设备在适宜的环境中运行，从而避免不必要的故障和停机时间。

（六）液位传感器

液位传感器主要用于监测燃油舱、冷却液舱和污水舱等容器的液位高度。

1. 应用

液位传感器在船舶工程中扮演着至关重要的角色。它们被广泛应用于监测船舶中各种液体的液位，包括燃油、冷却液和污水等，以确保船舶的安全运行和舒适环境。这些传感器通过实时监测液体的液位变化，并及时提供了关键的数据，帮助船员掌握船舶系统的状态，并采取必要的措施。液位传感器在监测燃油液位方面发挥着重要作用。燃油是船舶运行的生命线，因此准确地监测燃油的液位至关重要。液位传感器可以安装在燃油舱或燃油箱中，实时监测燃油液位的高低。一旦燃油液位接近预设警戒线或下降到危险水平，传感器会发出警报，提醒船员及时补充燃油，确保船舶的持续运行和安全航行。

液位传感器在监测冷却液液位方面同样至关重要。船舶的发动机和其他机械设备需要冷却液来保持正常运行温度。液位传感器安装在冷却液箱或冷却液系统中，实时监测冷却液的液位变化。当冷却液液位过低时，传感器会发出警报，提示船员检查并补充冷却液，以防止发动机过热和设备损坏，保障船舶的安全运行。船舶上的污水处理系统需要及时排放和处理废水，以保持船舶内部环境的清洁和舒适。液位传感器安装在污水储存箱或处理设备中，监测污水液位的变化。一旦污水液位达到预设警戒线或超出容量，传感器会发出警报，提醒船员及时进行污水处理和排放，避免污水溢出污染环境，确保船舶内部环境的清洁和舒适。

2. 作用

船舶的燃油储量直接关系到其续航能力和运行安全。燃油液位传感器安装在燃油舱内，能够实时监测燃油的液位变化。当燃油液位下降到预设警戒线时，传感器会发出警报，提示船员及时加油。这不仅避免了因燃油不足导致的船舶停机，还确保了船舶能够按照计划航行，减少了意外停航的风险。此外，燃油液位传感器还可以帮助船员合理调整燃油供应，优化燃油消耗，提高燃油利用率，降低运行成本。

冷却液液位传感器能够监测冷却液的液位，防止因冷却液不足导致发动机过热和设备损坏。当冷却液液位低于安全范围时，传感器会发出警报，提示船员及时补充冷却液，以确保发动机和设备在适宜的温度下运行，延长其使用寿命。同样，污水液位传感器能够监测污水储存箱中的液位，防止污水溢出污染环境。当污水液位接近储存箱容量时，传感器会发出警报，提醒船员及时进行污水处理和排放，确保船舶内部环境的清洁和卫生。通过实时监测和自动化控制，液位传感器减少了人为操作的失误和疏忽，降低了因液体溢出或供给不足引发的事故风险。船员可以依靠传感器提供的精确数据，快速作出响应，采取必要的措施，确保各舱室的液位始终在安全范围内运行。这不仅提高了船舶管理的精细化水平，还为船舶的安全航行提供了有力保障。

二、综合应用

通过将各种传感器集成到船舶的机舱监测系统中，可以实现对设备和环境的全面监控。传感器的数据通过物联网传输到中央处理系统，进行实时分析和处理。

（一）预测性维护

传感器数据的应用不仅限于实时监测和报警，更重要的是通过大数据分析和机器学习算法建立设备的健康状态模型。这种先进的技术手段能够预测设备的故障时间和原因，从而提前安排维护计划，避免设备突然故障，减少停机时间和维护成本。传感器数据的收集与分析是建立设备健康状态模型的基础。传感器安装在设备的各个关键部位，实时采集温度、压力、振动、液位等各种参数。这些数据通过无线网络或有线网络传输到中央控制系统，形成庞大的数据集。通过大数据分析技术，这些数据被用来识别设备运行中的正常模式和异常模式，帮助工程师全面了解设备的运行状态。机器学习算法进一步分析这些数据，能够检测到难以发现的微小变化和趋势，为设备故障预测提供科学依据。通过大数据分析和机器学习算法，设备的健康状态模型能够精准预测故障时间和原因。这些模型利用历史数据和实时数据，建立设备性能的数学模型，并通过不断更新和优化，准确预测设备在未来的运行状况。例如，通过分析发动机的振动数据和温度数据，可以预测轴承的磨损程度和剩余寿命；通过分析液压系统的压力变化，可以预测密封件的老化情况和泄漏风险。这种预测能力使得工程师可以提前发现潜在问题，采取预防性维护措施，避免设备在运行中突然发生故障。

（二）故障诊断

利用传感器数据进行实时故障检测和诊断，已成为保障设备安全、可靠运行的重要手段。传感器通过持续监测设备的各种运行参数，如温度、压力、振动和液位等，能够快速发现设备的异常状态和故障原因。通过采取应急措施，不仅可以防止故障扩大和事故发生，还显著提高了设备的可靠性和运行效率。传感器安装在设备的关键部位，实时采集运行数据，这些数据通过有线或无线网络传输到中央控制系统。通过数据分析软件和故障检测算法，设备的运行状态可以被实时监控和评估。当传感器检测到某些参数超出正常范围时，系统会立即发出警报，提示操作人员存在潜在故障。例如，温度传感器可以监测发动机的温度变化，一旦温度异常升高，系统会警告可能存在冷却系统故障或润滑不足的情况。振动传感器则可以检测到机械部件的不正常振动，提示轴承磨损或部件松动。这些实时检测功能使得操作人员能够在故障早期阶段就发现问题，从而快速采取应对措施。

（三）能效管理

在航运业，尤其需要关注如何减少燃料消耗和排放，降低运营成本，实现绿色航运。通过监测各设备的运行参数和能耗数据，并优化设备的运行状态，我们可以有效地实现这一目标。监测各设备的运行参数和能耗数据是实现绿色航运的重要一步。船舶上的引擎、发电机、航行设备等各种设备的运行参数和能耗数据都可以通过先进的监测系统进行实时收集和分析。这些数据包括但不限于燃料消耗量、排放量、船速、负载情况等。通过对这些数据的监测，我们可以全面了解船舶的运行状况，找出能效低下的环节，并有针对性地进行改进。

数据采集系统与技术

数据采集系统与技术在船舶机舱自动化中起着至关重要的作用。它们能够实时监测和记录各种设备和系统的运行状态，为优化操作、故障诊断和预测性维护提供数据支持。

一、数据采集系统组成

（一）传感器网络

1. 多类型传感器

温度、压力、流量、振动、湿度、气体、液位等传感器的应用，使得船舶机舱内部的状态得以实时监测和精确控制。温度传感器能够确保船舶内部的温度始终在安全范围内，避免因温度异常而引发的设备故障或人员不适。压力传感器可以监测船舶内部的压力变化，确保设备正常运行并防止压力过大或过小带来的潜在危险。流量传感器可以精确监测流体的流动情况，保证船舶系统的稳定运行。振动传感器和湿度传感器可以及时检测到船舶内部的振动和湿度变化，预警可能出现的故障隐患，减少船舶因振动过大或湿度过高而造成的损坏。气体传感器和液位传感器能够监测船舶内部的气体浓度和液体水平，避免因气体泄漏或液位过高、过低而引发的安全事故。

2. 传感器接口

传感器接口成为连接传感器输出信号与数据采集设备的重要纽带，为实时数据的获取与处理提供了便捷和可靠的途径。这些接口技术的应用，使得传感器采集的模拟或数字信号能够迅速、准确地传输到数据采集设备，为智能决策提供了强有力的数据支持。传感器接口的功能十分关键，它不仅负责将传感器输出的信号传输到数据采集设备，还需要保证信号的准确性、稳定性和可靠性。对于模拟信号，传感器接口通常会进行模拟—数字转换（ADC），将模拟信号转换成数字信号，以便于数字化设备的处理和分析；而对于数字信号，传感器接口则会进行信号放大、滤波和隔离等处理，以确保信号的稳定性和可靠性。通过这些处理，传感器接口可以有效地提高传感器数据的质量，为后续的数据分析和智能决策提供可靠的基础。

（二）数据采集设备

1. 数据采集卡（DAQ 卡）

传感器信号的数字化与初步处理。这一过程将传感器输出的模拟信号转换为数字信号，并进行初步处理和存储，为船舶机舱的实时监测、运行优化和故障诊断提供了重要的数据支持。传感器信号的数字化是实现数据采集和处理的关键步骤。传感器通常会输出模拟信号，而数据采集设备和处理器通常需要数字信号进行处理。因此，传感器信号需要经过模拟—数字转换的过程，将模拟信号转换为数字信号。ADC 将模拟信号按照一定的采样率进行采样，并将采样值转换为数字形式，以便于数字设备的处理和分析。

经过数字化的传感器信号可能需要进行一些初步处理。这包括信号放大、滤波、校准等过程，以确保信号的稳定性和可靠性。信号放大可以增强传感器信号的幅度，使其更易于检测和分析；滤波则可以去除信号中的噪声和干扰，提高信号的清晰度和准确性；校准则可以校正传感器的输出，使其符合实际情况，提高数据的准确性和可靠性。经过初步处理的传感器信号被存储到数据采集设备中进行记录和分析。这些数据可以被存储在本地存储设备中，也可以通过网络传输到远程服务器进行集中管理和分析。通过实时监测和分析传感器数据，船舶管理者可以全面了解船舶的运行状态，及时发现潜在问题，从而采取相应措施进行优化和维护。

2. 数据采集模块

传感器系统的模块化设计是实现高精度、高采样率，并适应不同数量和类型传感器的重要策略。这种设计思路为船舶机舱自动化系统的实现提供了灵活性、可扩展性和适应性，使得船舶管理者能够根据具体需求对传感器系统进行定制配置，实现对船舶运行状态的全面监测和控制。

模块化设计使得传感器系统能够适应不同数量和类型的传感器。通过模块化的设计，传感器系统可以灵活配置不同数量的传感器模块，并支持多种类型的传感器接口，如模拟信号接口、数字信号接口等。这样，无论是需要监测温度、压力、流量、振动等参数，还是需要监测气体浓度、液位等参数，传感器系统都能够满足需求，实现对船舶各个方面的全面监测。

模块化设计为传感器系统的高精度和高采样率提供了基础支持。通过精心设计和选择高质量的传感器模块，以及采用先进的模拟—数字转换技术和数据处理算法，传感器系统能够实现对传感器信号的高精度采集和处理，确保数据的准确性和可靠性。同时，模块化设计还可以灵活提高系统的采样率，根据实际需求调整采样频率，以满足不同场景下的数据获取要求。模块化设计为船舶传感器系统的维护和升级提供了便利。由于传感器系统采用了模块化设计，传感器模块可以独立替换和升级，无须对整个系统进行大规模改动。这样，船舶管理者可以根据需要随时替换或升级传感器模块，以适应新的技术发展或更改运营需求，延长系统的使用寿命并保持系统的性能和功能。

（三）数据传输网络

1. 有线传输

光纤和电缆作为传输介质，以其高可靠性和稳定性成为智能船舶数据传输的优选方案。它们的应用不仅保证了数据传输的安全性和稳定性，还为船舶管理者提供了强有力的数据支持，实现了船舶机舱的智能化管理。光纤和电缆具有高可靠性和稳定性。光纤作为一种光学传输介质，具有抗电磁干扰、抗雷击、抗水波干扰等优势，能够保证数据传输的稳定性和可靠性，在船舶运行中表现出色。而电缆作为传统的有线传输介质，同样具有稳定性高、传输距离远、抗干扰性强等特点，适用于船舶内部和船舶外部的数据传输。

光纤和电缆的高带宽特性使得它们能够支持高速数据传输。在智能船舶的运行中，需要传输大量的数据，如传感器采集的实时数据、监控摄像头的视频流等。光纤和电缆的高带宽特性可以满足这些数据传输的需求，保证数据传输的及时性和稳定性，为船舶的智能化管理提供了强有力的支持。光纤和电缆的使用便于船舶管理和维护。它们具有结构简单、安装维护方便等特点，可以快速部署在船舶内部和船舶外部的各个位置，实现船舶各个系统之间的数据传输。同时，光纤和电缆的使用也降低了船舶数据传输系统的故障率，减少了维护和维修成本，提高了船舶机舱自动化系统的稳定性和可靠性。

2. 无线传输

传统的有线布线方式往往面临诸多挑战，如布线难度大、维护成本高、灵活性差等问题。在这样的背景下，无线通信技术如 Wi-Fi、蓝牙和 LoRa，提供了一种高效、灵活的解决方案，特别适用于不易布线的环境。

Wi-Fi 是一种广泛应用的无线局域网技术，因其高带宽和较长的传输距离，在船舶机舱自动化中具有显著优势。通过 Wi-Fi，机舱内各类传感器和数据采集设备可以实现无线连接，将实时数据传输到中央控制系统。这不仅提高了数据传输的速度和效率，还简化了设备的安装和维护过程。Wi-Fi 的高带宽支持大量数据的高速传输,适用于需要频繁传输大数据量的应用场景,如实时监控系统和高清视频流传输。其广泛兼容性也使得大多数现代设备都能轻松集成 Wi-Fi 模块,增强了系统的灵活性和扩展性。

蓝牙技术则以其低功耗和高安全性的特点,在船舶机舱的局部区域内应用广泛。尽管蓝牙的传输距离较短,但在局部传感网络中仍能发挥重要作用。蓝牙技术的低功耗特性适合电池供电的传感器设备,延长了这些设备的工作寿命。此外,蓝牙具备多层次的加密和安全机制,确保数据传输的安全性。这种技术尤其适用于构建局部无线传感网络,实现温度、振动等参数的实时监测和数据传输,也可以通过蓝牙进行设备的无线配置和调试,提高工作效率。

LoRa(Long Range,长距离无线通信)是一种低功耗广域网(LPWAN)技术,以其长距离传输和低功耗的优势,特别适合覆盖整个船舶的应用场景。LoRa 能够覆盖整个船舶,实现远距离数据传输,适用于船舶内部复杂的通信需求。其低功耗特性使得传感器设备可以长时间运行,减少了电池更换的频率,降低了维护成本。此外,LoRa 在复杂电磁环境下也能保持稳定通信,适用于船舶这种电磁干扰较多的环境。通过 LoRa 网络,机舱内外各类传感器数据可以汇总到中央控制系统,实现全船舶范围的监控和管理,并支持远程故障诊断,将数据传输到岸上的控制中心,为远程技术支持和维护提供了可能。

(四)数据存储与处理

1. 本地存储

船舶上的存储设备,如硬盘和固态硬盘(SSD),承载着大量的航海数据、船舶运行信息以及船员和货物相关的重要信息。这些数据的安全、可靠和高效存储对于船舶的安全性、运营效率和成本控制都至关重要。船舶上的数据可能涉及航行路线、船舶状态、货物信息以及船员资料等敏感信息,一旦泄漏或遭到未经授权的访问,将会造成严重的安全风险。因此,采用安全可靠的存储设备以及加密技术对数据进行保护至关重要,以防止数据泄漏和黑客攻击等安全威胁。

船舶数据存储需要具备高可靠性。船舶作为远洋航行的交通工具,往往需要长时间连续航行,船舶上的存储设备需要能够在恶劣的海上环境中稳定运行,并能够承受颠簸、湿气和温度变化等极端条件的考验。因此,选择具有高抗震性、防水防尘和耐高温特性的存储设备至关重要,以确保数据在船舶运行过程中的稳定可靠性。船舶数据存储还需要具备高效性。船舶上的数据涉及船舶的航行计划、货物管理、船员排班等诸多方面，这些数据需要能够快速、高效地存取和处理，以支持船舶的实时监控、决策和管理。因此，选择具有高速读写性能和低延迟的存储设备是至关重要的，以确保数据的及时性和有效性。

2. 云存储

通过卫星通信，船舶可以实现与陆地的高速连接，将海量数据上传至云端进行集中存储和处理，为航海安全、运营效率和管理决策提供了强大支持。卫星通信技术为船舶提供了高速稳定的网络连接。无论船舶身处何处，都能通过卫星通信系统与地面基站进行通信，实现数据的双向传输。这种全球覆盖的通信网络极大地拓宽了船舶的通信范围，使得船舶在远洋航行中也能保持与陆地的实时联系，提高了船舶的应急响应能力和信息交换效率。

通过卫星通信将数据上传至云端进行集中存储和处理，船舶上的海量数据得以高效管理和利用。船舶上产生的各类数据，包括船舶位置、航行路线、气象信息、货物状态等，通过卫星通信可以实时上传至云端服务器，实现数据的集中存储和备份。这不仅提高了数据的安全性和可靠性，同时为船舶管理人员提供了便利，可以随时随地通过云端平台获取和分析数据，为船舶运营决策提供有力支持。卫星通信与云端存储的结合，为航海领域带来了诸多创新应用。比如，基于云端存储的数据分析和挖掘技术，可以对船舶运行数据进行深度挖掘和分析，发现潜在的运营风险和优化机会；又如，借助云端平台的大数据处理能力，可以实现船舶运行数据的实时监控和预警，提高航海安全和运营效率。

3. 边缘计算

边缘计算是指在数据产生源头附近进行数据处理和分析，而不是将所有数据传输到中心化的云端服务器进行处理。这种策略不仅能减少数据传输量，降低通信成本，还能提高数据处理的实时性和响应速度，为各行各业带来了全新的数据处理模式。边缘计算通过在本地设备上进行初步数据处理，有效减少了数据传输量。船舶在远离陆地的环境中，通过卫星通信上传大量数据至云端进行处理可能会受到网络带宽限制、通信成本高昂等问题的影响。而采用边缘计算技术，船舶可以在本地设备上进行初步数据处理，仅传输处理后的重要数据至云端，从而减少了数据传输量，降低了通信成本，提高了通信效率。

边缘计算能够提高数据处理的实时性和响应速度。在船舶运行过程中，可能会产生大量的实时数据，如航行路线、气象信息、货物状态等，需要及时进行处理和分析，以支持船舶的实时监控和运营决策。通过在本地设备上进行初步数据处理，可以就近处理数据，避免数据传输过程中的延迟，从而提高数据处理的实时性和响应速度，提高了船舶的应急响应能力和决策效率。边缘计算有助于保护数据隐私和安全性。船舶上的数据可能涉及航行路线、货物信息、船员资料等敏感信息，一旦泄漏或遭到未经授权的访问，将会造成严重的安全风险。通过在本地设备上进行初步数据处理，可以在数据传输之前对敏感信息进行加密和处理，确保数据的隐私和安全性，有效防止数据泄漏和黑客攻击等安全威胁。

（五）数据分析与显示

1. 分析软件

数据的收集、处理和分析已经成为提高效率、降低成本、确保安全的关键环节。而利用大数据分析和机器学习技术，对采集的数据进行处理和分析，不仅可以提供故障诊断、性能优化和预测性维护等功能，还能为船舶运营的智能化升级提供强大支持。大数据分析和机器学习技术能够提供精准的故障诊断功能。船舶上的各种设备和系统可能会出现各种故障，如发动机故障、船舶结构损伤等。通过对大量历史数据的分析和机器学习算法的训练，可以建立起故障诊断模型，及时识别并预测潜在的故障风险，为船舶维修和保养提供准确的指导，避免故障对船舶运营造成不利影响。

大数据分析和机器学习技术还能实现船舶性能的优化。通过对船舶运行数据的深度挖掘和分析，可以了解船舶的运行状态和性能表现，发现潜在的优化空间，如航行路线的优化、速度的调整等。借助机器学习算法，可以建立起性能优化模型，实现对船舶运行参数的动态调整，提高船舶的运行效率和节能性。大数据分析和机器学习技术还能实现预测性维护。通过对船舶设备和系统的运行数据进行持续监测和分析，可以预测设备的寿命和维护周期，提前发现设备的潜在问题，并制订相应的维护计划。这种预测性维护模式可以减少设备的突发故障，降低维修成本，同时延长设备的使用寿命，为船舶运营提供稳定可靠的保障。

2. 显示界面

智能船舶机舱自动化系统通过传感器网络实时采集船舶各个系统和设备的数据，并将这些数据集中到一个综合平台上进行处理和展示。通过控制台和显示器，船员可以直观地看到各个系统的运行状态，包括发动机的温度、压力、振动情况，燃油的消耗量，以及排放的数据等。这种实时数据展示不仅提高了操作的透明度，还使船员能够及时发现异常情况，迅速采取应对措施，避免故障的发生。通过对实时数据的分析，系统可以识别出潜在的问题和趋势，进行预测性维护。例如，系统可以根据发动机的振动和温度数据预测出可能出现的故障点，提前通知船员进行维护，从而避免因设备故障导致的停机和高昂的维修费用。

移动设备的普及为智能船舶机舱自动化系统的应用提供了新的可能性。通过手机、平板计算机等移动设备，船员和管理人员可以随时随地访问系统的数据和分析结果。例如，船员在机舱外进行巡检时，可以通过平板计算机实时查看设备的运行状态，及时记录和处理发现的问题。对于岸上的管理人员，移动设备则提供了远程监控和管理的便利。无论是在办公室还是在出差途中，管理人员都可以通过移动设备实时掌握船舶的运营状况，进行远程诊断和决策，极大地提高了管理的效率和反应速度。

二、关键技术

（一）传感器技术

1. 高精度传感器

高精度传感器不仅提高了船舶运营的效率和安全性，还为管理人员提供了可靠的数据支持，使得决策更加科学和精准。高精度传感器可以提供极其精确的测量数据，如发动机的温度、压力、振动、燃油消耗、排放等。这些数据的准确性和可靠性直接影响到系统的分析和决策能力。例如，发动机温度和压力的微小变化可能预示着潜在的故障。如果传感器的精度不足，无法捕捉到这些微小变化，系统就可能错过提前预警和预防维护的机会，导致设备故障和停机。而高精度传感器则能够捕捉到这些细微变化，及时发出预警，从而避免潜在的风险。

通过实时监测各个设备的运行状态，系统能够优化设备的运行参数，确保它们在最佳状态下工作。例如，燃油消耗传感器可以精确监测燃油的使用情况，根据实际需求调整燃油供应，从而提高燃油效率，降低运营成本。帮助实现自动化控制。例如，舱内温度和湿度传感器可以自动调节通风和空调系统，确保机舱环境的适宜。这不仅提高了设备的运行效率，还延长了设备的使用寿命。

高精度传感器通过实时监测关键设备和系统的状态，提供了准确的安全数据。例如，振动传感器可以监测发动机和其他机械设备的振动情况，及时发现异常，防止机械故障引发的安全事故。还可以用于环境监测，如油、气泄漏检测；水下障碍物检测等。这些传感器提供的准确数据，可以帮助船员及时采取措施，避免环境污染和航行事故，确保船舶和船员的安全。

2. 智能传感器

智能传感器的自诊断功能是其显著优势之一。传统传感器在长时间运行后，可能会出现性能下降或故障，但很难及时发现和处理。这种情况下，传感器提供的数据可能不准确，甚至导致系统运行异常。而智能传感器具备自诊断能力，可以实时监测自身的工作状态，识别出潜在的故障或异常。通过自诊断能力，智能传感器能够及时发出警报，通知维护人员进行检修或更换，从而避免数据误差和系统停机，提高整体系统的可靠性和稳定性。自校准是智能传感器的另一大特点。传感器在运行过程中，受到环境变化和自身老化的影响，可能会导致测量精度下降。传统传感器通常需要人工校准，不仅费时费力，还容易因操作不当导致校准误差。智能传感器则具备自校准能力，能够根据预设的校准算法和标准，自动调整自身的测量参数，确保数据的准确性和一致性。自校准功能不仅提高了传感器的测量精度，还减少了人工干预的需求，提高了维护效率和系统的连续性。

智能传感器在传感器网络中的应用，还带来了更高的灵活性和适应性。智能传感器可以通过无线网络进行数据传输和通信，组成一个自组织、自适应的传感器网络。这种网络结构可以根据实际需要，灵活调整传感器的位置和数量，动态响应环境变化和任务需求。例如，在智能船舶机舱中，智能传感器可以根据航行状态和机舱环境，自动调整监测参数和范围，确保船舶运行的安全和高效。同时，智能传感器网络还具有较强的容错能力，即使某个传感器出现故障，网络中的其他传感器也能迅速调整，以保证系统的正常运行。

（二）数据采集技术

数据的准确采集和实时处理是实现系统高效、可靠运行的基础。为了达到这一目标，高采样率、多通道采集和抗干扰设计成为不可或缺的关键技术。这些技术的应用，不仅提高了系统的监测能力和数据质量，还满足了复杂环境下的应用需求，为智能监测系统的广泛应用提供了有力支持。

1. 高采样率

高采样率作为智能监测系统的重要特性,在各个领域中都展现了其卓越的价值。其关键作用不仅体现在精确监测、故障检测和数据分析等方面,还在于为系统提供了更细致、更全面的数据基础,从而为决策和预测提供了更加可靠的支持。高采样率确保了系统对快速变化的物理量进行精确监测。在工业和科学领域,许多参数如振动、压力波动和电流变化等都是瞬息万变的。只有具备高采样率的传感器,才能够准确捕捉这些变化,并将其转化为可用的监测数据。这为系统的准确性和可靠性提供了坚实的基础。

高采样率在故障检测方面发挥着重要作用。系统中的高采样率传感器能够及时发现异常变化,从而提前预警潜在故障。特别是在船舶等重要设备的监测中,高采样率传感器能够敏锐地捕捉到微小的振动变化或压力波动,帮助船员及早发现和处理故障,有效防止事故的发生,保障了船舶和人员的安全。高采样率为数据分析提供了丰富的样本,为系统的智能化和预测性维护提供了有力支持。通过分析高采样率数据,系统可以更加准确地进行趋势分析和预测性维护,及时发现设备运行中的问题,并采取相应的措施加以解决,从而提高设备的运行效率和可靠性,降低运营成本,延长设备的使用寿命。

2. 多通道采集

在智能监测系统中,多通道采集技术的应用是提高系统监测和管理能力的重要手段。这一技术特性对于复杂系统的监测和管理具有至关重要的意义,从综合监测、实时同步到复杂环境适应,都展现了其巨大的价值和潜力。多通道采集技术实现了系统的综合监测能力。通过同时监测多个传感器的数据,系统可以全面了解设备的运行状态,并获取多维度的关键参数,如温度、压力、振动和流量等。这种综合监测能力为系统提供了全面而深入的数据基础,有助于系统进行更加准确地分析和决策,从而提高了监测系统的效率和可靠性。

多通道采集技术确保了传感器数据的实时同步。在船舶机舱监测中,数据的实时性至关重要,因为船舶的运行状态随时都可能发生变化。通过多通道采集技术,系统可以同时采集多个传感器的数据,并确保其实时同步,避免因数据延迟而导致的误差。这为船员提供了精确的设备状态信息,使他们能够及时作出反应和决策,确保船舶的安全运行。多通道采集技术使得系统能够适应复杂的工业环境。在工业生产过程中,往往需要监测多个位置和设备,以确保生产过程的顺利进行。多通道采集技术满足了这一需求,使得系统能够灵活适应各种复杂环境，并提供高效的监测解决方案。这为工业生产提供了重要的支持，提高了生产效率和产品质量。

3. 抗干扰设计

屏蔽技术是抗干扰设计的重要手段之一。通过电磁屏蔽技术，系统能够有效阻隔外界电磁干扰，保护传感器和数据传输线路的稳定性。在工业现场和船舶机舱等复杂环境中，电磁屏蔽技术的应用尤为重要，可以有效减少外界干扰对系统的影响，保障监测系统的正常运行。

抗干扰滤波技术也是提高系统稳定性的关键措施之一。抗干扰滤波器能够过滤掉干扰信号，仅保留有效信号。通过滤波技术，系统可以显著降低干扰对数据采集的影响，确保监测数据的准确性和可靠性。这种技术在处理电磁干扰方面具有很高的效率和精度，为系统稳定运行提供了坚实的保障。

智能信号处理算法是抗干扰设计的重要组成部分。这些算法能够识别和消除干扰信号，提高系统的抗干扰能力。通过分析和处理采集到的数据，智能信号处理算法可以去除噪声和干扰，增强信号的稳定性和可靠性。这种算法的应用有效地提高了系统对复杂电磁环境的适应能力，保障了系统的稳定运行。

（三）数据传输技术

数据传输的高效性、安全性和稳定性是确保系统可靠运行的关键。为了实现这一目标，系统必须具备实时传输、安全传输和低功耗传输的能力。这三大技术特性共同构成了数据传输的坚实基础，确保监测系统能够在各种环境下稳定、高效地运行。

1. 实时传输

实时传输技术在智能监测系统中的应用是确保监测数据能够迅速传输到控制中心，从而保证信息的及时性和决策的准确性。这一技术的重要性体现在数据及时性、高效响应和连续监测等方面。实时传输技术确保监测系统能够在第一时间获取设备运行状态的最新信息，从而保证了数据的及时性。特别是对于那些参数变化较快的情况，如振动、温度等，实时传输技术能够帮助操作人员及时发现和处理异常情况，防止事故的发生。这种即时的数据反馈对于保障设备和系统的安全运行至关重要。

实时传输提高了系统的响应速度，保证了高效的响应能力。在工业控制、船舶管理以及环境监测等领域，快速的响应时间都是至关重要的。通过实时传输技术，监测系统能够及时向控制中心传递数据，使得系统能够即时反馈，作出迅速调整，从而保证设备和系统的安全运行，并提高了生产效率和运营效率。实时传输技术确保了监测数据的连续性和完整性，对于趋势分析和预测性维护具有重要意义。通过实时传输，监测系统能够持续不断地获取数据，为系统的管理和决策提供更全面的数据支持，提高了系统的管理水平和决策质量。这种连续监测能力有助于系统及时发现潜在问题，并采取相应的措施加以解决，从而提高了系统的可靠性和稳定性。

2. 安全传输

在智能监测系统中，数据的安全传输是确保信息安全和系统稳定性的关键一环。采用加密技术和其他安全措施，能够有效保护数据传输的安全性，防止信息泄漏和篡改等安全风险。加密技术是保障数据传输安全的重要手段之一。通过对数据进行加密处理，加密技术能够在数据传输过程中有效防止数据被截获或篡改。对称加密和非对称加密等复杂算法确保了数据的机密性和完整性，为数据传输提供了坚实的保障。

身份验证技术对于数据传输安全至关重要。通过数字证书、密码和生物识别等技术，系统可以对访问者进行身份验证，确保只有授权的设备和人员才能访问数据。这有效防止了未经授权的访问，保护了数据的安全性。数据完整性校验技术也是确保数据传输安全的重要手段之一。通过对传输数据进行哈希函数和校验和等校验，系统可以确保数据在传输过程中没有被篡改或损坏，保证了数据的完整性。

采用安全传输协议如 TLS/SSL 等进一步提高了数据传输的安全性。这些协议通过建立安全通道，防止数据在传输过程中被截获和篡改，确保了数据传输的可靠性和安全性。这些安全措施共同确保了智能监测系统中数据传输的安全性和稳定性，为系统运行提供了可靠的保障。

3. 低功耗传输

在无线传输领域，低功耗传输技术的应用尤为重要。这一技术确保传感器和传输设备在有限的能源条件下能够长期稳定工作，尤其是在偏远和难以维护的环境中。低功耗传输技术通过优化传输协议和数据压缩等手段，降低数据传输的能源消耗，提高了能源效率。通过降低能源消耗，设备能够在有限的电池容量下运行更长时间，减少了更换电池和维护的频率，降低了运营成本。

采用专门设计的节能传输协议如 Zigbee、LoRa 和 BLE 等，可以显著降低数据传输的功耗。这些协议通过降低传输速率、优化传输路径和减少数据包大小等手段，确保在低功耗的前提下实现稳定的数据传输，为设备长期稳定运行提供了可靠的保障。低功耗传输设备通常具备休眠模式，通过在数据传输间隙进入低功耗状态来节约能源。传感器和传输设备在不需要传输数据时进入休眠状态，当需要传输数据时迅速唤醒，从而延长设备的电池寿命，提高了设备的可靠性和稳定性。高效的电源管理系统可以智能地调节设备的功耗，优化电池使用。包括动态调整传输功率、智能休眠和唤醒等技术，确保设备在各种工作条件下都能高效运行，保证了数据传输的稳定性和可靠性。

（四）数据存储技术

在智能监测系统中，数据的存储是一个关键环节。系统需要处理和保存大量数据，这些数据不仅需要长期存储，还必须确保其可靠性和可用性。为了实现这一目标，大容量存储、高可靠性存储和分布式存储成为必不可少的技术手段。这些技术的应用确保了智能监测系统能够有效地管理和利用海量数据，为各种应用场景提供坚实的基础。

1. 大容量存储

数据的增长对存储设备提出了更高的要求。智能监测系统在工业、医疗、交通等领域的应用越来越广泛，传感器数量不断增加，每个传感器都在持续生成数据。大容量存储设备通过其强大的处理能力，能够高效地存储和管理这些数据，确保系统在面对海量数据时仍能稳定运行。这样，系统可以持续监测各项关键指标，提供实时的反馈和预警信息。历史数据的保存对趋势分析、故障诊断和预测性维护至关重要。在许多应用场景中，历史数据不仅是对过去设备运行情况的记录，还是进行深入数据分析的重要基础。大容量存储设备能够保存大量历史数据，为后续的数据分析提供全面的支持。通过对历史数据的分析，系统可以发现长期的趋势和规律，进行故障性诊断和预测性维护，提高设备的运行效率和可靠性，避免突发性故障的发生。

通过数据压缩和存储优化技术，系统可以进一步提高存储设备的容量和效率。数据压缩技术通过减少数据冗余，能够显著提高存储空间的利用率，使得存储设备能够容纳更多的数据。而存储优化技术则通过智能分配和管理存储资源，提升存储系统的性能，确保数据能够快速存取。这样，系统不仅能够有效管理海量数据，还能够在需要时迅速访问和分析这些数据，并提供及时的决策支持。大容量存储设备在应对智能监测系统数据增长方面起到了至关重要的作用。通过处理和保存海量数据，保存历史数据，并利用数据压缩和存储优化技术，这些设备确保了系统的长期稳定运行和高效管理。随着技术的不断进步和应用的广泛推广，大容量存储设备将继续在智能监测领域发挥重要作用，为各行业的数据管理和决策支持提供坚实的基础。

2. 高可靠性存储

RAID 技术（独立磁盘冗余阵列）通过将数据分散存储在多个硬盘上，并提供冗余数据存储，显著提高了数据的可靠性。RAID 技术不仅提升了存储设备的性能，还有效防止了单个硬盘故障导致的数据丢失。当一个硬盘出现问题时，系统可以利用冗余数据从其他硬盘中重建丢失的数据，确保数据的完整性和系统的正常运行。数据备份是保障数据安全的重要手段。通过定期备份数据，可以在系统发生故障或数据损坏时，迅速恢复数据，确保数据的完整性和可用性。数据备份通常采用本地备份和远程备份相结合的方式，增加数据的安全性。即使在本地备份数据受损的情况下，远程备份数据也能提供有效的恢复保障，防止数据丢失。

热备份和冷备份技术通过在系统运行过程中持续备份数据，确保即使在设备故障的情况下，数据也能迅速恢复。热备份是在系统运行时实时备份数据，确保数据的最新状态，而冷备份则是在系统空闲时进行完整备份，两者结合使用可以提供更高的可靠性。热备份保证了数据的实时性，冷备份则提供了更全面的恢复数据支持。高可靠性存储设备应具备快速数据恢复能力。当系统发生故障时，能够迅速恢复数据，减少系统停机时间，确保业务的连续性。快速数据恢复不仅是技术的体现，也是业务运行稳定的重要保障。通过及时的数据恢复，系统能够迅速恢复正常运行，避免因数据丢失或系统停机而造成业务中断和经济损失。

3. 分布式存储

云存储技术通过分布式存储和管理，实现了数据的高效存储。传统存储系统受限于物理设备的容量，而云存储则通过将数据分散在多个服务器上，实现了无限的存储空间。这种分布式存储不仅解决了数据存储容量的瓶颈，还提高了数据访问的速度和效率。用户可以根据需求动态扩展存储空间，灵活应对数据量的增长。数据分片和冗余技术是云存储系统中确保数据安全和可靠的关键。分布式存储系统通过将数据分片存储在不同的服务器上，并为每个数据片提供冗余存储，即使部分服务器发生故障，数据仍然可以通过冗余片段进行恢复。这种技术不仅提高了数据的可靠性，还确保了数据的高可用性。用户无须担心单点故障导致数据丢失，系统可以自动进行数据恢复，保证业务的连续性。

分布式文件系统（如 HDFS、Ceph）的应用，使得云存储技术能够高效处理和管理海量数据。分布式文件系统通过分布式架构实现数据的统一存储和管理，同时提供了高效的数据访问和管理功能。无论是大规模数据处理，还是实时数据分析，分布式文件系统都能提供强有力的支持，满足不同应用场景的需求。负载均衡和容错技术是云存储系统稳定运行的保障。负载均衡技术通过均衡分配存储和计算资源，提高了系统的性能和响应速度。在高负载情况下，系统能够自动调整资源分配，避免单个节点过载，从而提高整体系统的运行效率。容错技术通过冗余和备份，确保系统在部分节点发生故障时仍能正常运行。即使在极端情况下，系统也能够通过冗余数据进行恢复，以保证数据的完整性和系统的连续性。

（五）数据处理与分析技术

1. 数据实时处理

实时处理技术的一个重要优势是快速响应能力。在复杂的工业和环境监测应用中，系统需要对各种突发情况作出迅速反应。通过实时处理技术，系统能够在数据采集的瞬间进行分析，一旦检测到异常情况，立即发出预警信号。这样的快速响应机制可以帮助操作人员及时采取措施，防止问题的恶化。例如，在船舶机舱监测中，当检测到温度或压力异常时，系统可以立即报警，提示船员进行检查和处理，避免设备损坏或更严重的事故发生。实时处理技术使得系统能够进行连续监控。传统的监测系统往往依赖于周期性的数据采集和处理，可能会错过一些关键的瞬时变化。而实时处理技术则能够对传感器采集到的数据进行连续处理和分析，保持对设备和环境的持续监控。这种连续性不仅确保了运行状态的实时可见性和透明度，还提供了更全面和细致的监测数据。操作人员可以通过系统界面实时查看设备的运行状况，及时了解当前的工作环境，作出更科学的管理决策。延长设备的使用寿命。

2. 预警系统

实时处理技术在故障预警方面表现出色。通过对设备运行参数的实时分析，系统能够识别出异常趋势，提前预警可能的故障。例如，在工业生产中，设备的振动、温度、压力等参数都可能显示设备运行的健康状态。实时处理系统能够不断监测这些参数，当检测到某些参数出现异常变化时，系统会立即发出预警信号，提示维护人员进行检查和处理。这样不仅可以避免设备的突然停机，还能够减少维护成本，延长设备的使用寿命。通过提前预警，企业可以计划性地进行维护，减少生产中断，保障生产的连续性和效率。

在环境监测应用中，实时处理技术同样具有重要意义。环境监测系统通过各种传感器实时采集空气、水质、土壤等环境参数，实时处理技术能够迅速检测到污染物超标或其他环境异常情况。例如，当空气质量监测系统检测到某区域的PM2.5浓度迅速上升时，实时处理系统会立即分析这一数据，并发出预警信号，通知相关部门采取应对措施，如发布预警信息、限制排放源、采取紧急防护措施等。通过及时的预警和响应，实时处理技术在保护环境和公共健康方面发挥了关键作用，帮助政府和相关机构更好地管理和控制环境污染。

实时监测与控制系统

实时监测与控制系统广泛应用于船舶的各个方面，包括船体结构、动力系统、航行系统和货物装载等。例如，船体结构的应力监测系统可以实时监测船体的应力分布，以防止结构疲劳和损伤。动力系统的实时监测与控制系统可以监测发动机的运行状态和性能参数，并根据需要进行自动调节和优化。航行系统的实时监测与控制系统可以监测船舶的位置、航向和速度，以确保船舶安全航行。货物装载系统的实时监测与控制系统可以监测货物的装载情况和重心位置，以确保船舶的稳定性和安全性。实时监测与控制系统对船舶的安全性和运营效率具有重要影响。通过实时监测船舶的各种参数和状态，这些系统可以及时发现潜在问题，并采取相应的措施进行处理，从而避免事故和损失的发生。例如，当发动机温度异常升高时，系统可以自动降低发动机负载或停机进行检修，以防止发动机过热导致的故障和事故。此外，实时监测与控制系统还可以优化船舶的运行参数和工作策略，提高船舶的燃油效率和运营效率，降低运营成本和环境影响。

实时监测技术及其在机舱中的应用

随着科技的迅猛发展，实时监测技术在各个行业中发挥着越来越重要的作用。在船舶领域，尤其是机舱环境中，实时监测技术为提高船舶运营效率、保障安全和实现环保提供了强有力的支持。通过高精度传感器、先进的数据处理系统和可靠的通信网络，船舶机舱的各类设备和系统可以实现实时监控和管理，确保船舶在复杂的海洋环境中安全高效地运行。

一、实时监测技术的核心组成

（一）高精度传感器

1. 高精度传感器的重要性

高精度传感器在实时监测系统中的重要性不言而喻。在船舶机舱这样的复杂环境中，各类设备和系统的运行状态需要精确监控，而高精度传感器正是为此而设计。这些传感器能够提供准确的实时数据，帮助船员及时了解设备的工作状况，从而进行必要的调整和维护，以保障船舶的安全和运行效率。

温度传感器是机舱内一个重要的监测参数。高精度的温度传感器能够精确测量发动机、燃油系统和冷却系统的温度，确保这些关键部件在安全温度范围内运行，防止过热和故障的发生。压力传感器用于监测燃油系统、液压系统和气动系统的压力。高精度的压力传感器能够检测到微小的压力变化，帮助船员及时发现泄漏、堵塞等问题，从而预防事故的发生。振动传感器也是至关重要的一类传感器，用于监测发动机、泵、发电机等设备的振动情况。高精度的振动传感器可以捕捉到细微的振动变化，识别设备的异常振动模式，进而进行故障诊断和预防性维护，有效避免设备损坏和停机。流量传感器用于监测燃油、冷却液和其他液体的流量。高精度的流量传感器可以精确测量流量变化，确保系统的正常运行和燃油的高效利用，从而减少浪费和降低成本。燃油消耗和排放传感器对船舶的运营效率和环保性能至关重要。这些传感器能够实时监测燃油的消耗量和排放物的浓度，帮助船舶优化燃油使用，减少排放，遵守环保法规，实现可持续发展。

2. 传感器的可靠性和灵敏度

可靠性是传感器的基础要求。在船舶机舱这样一个复杂的环境中，温度、湿度、振动等因素都可能影响传感器的工作性能。高可靠性的传感器能够在这些恶劣条件下长期稳定工作，并提供连续、准确的数据。这样，船员才能依赖这些数据作出正确的判断和决策，避免因数据失真导致的误判和错误操作，从而保障船舶的安全运行。

灵敏度是高精度传感器的另一个重要特性。灵敏度决定了传感器捕捉微小变化的能力。在机舱内，温度、压力、振动等参数的细微变化往往预示着潜在的问题。高灵敏度的传感器能够检测到这些细微变化，提供更精细的监测数据。这些数据不仅可以帮助船员及时发现和处理异常情况，还能为优化系统运行、提高设备效率提供重要参考。

快速响应也是高精度传感器必须具备的特性之一。实时监测系统要求传感器能够迅速响应环境和设备状态的变化，提供实时数据。高响应速度的传感器能够及时捕捉到参数的变化，确保监测系统的实时性和准确性。这对于快速变化的参数，如发动机的振动或燃油压力，尤为重要。及时的反馈信息可以帮助船员迅速采取措施，防止问题恶化，确保设备和系统的正常运行。

3. 高精度传感器在船舶运营中的应用

在设备监控方面，高精度传感器发挥着至关重要的作用。船舶的机舱内，发动机、泵、发电机等关键设备的运行状态需要时刻监控。通过高精度传感器的实时数据，船员能够及时了解这些设备的工作状况，进行必要的维护和调整。例如，温度传感器可以监测发动机的运行温度，确保其在安全范围内运行；压力传感器可以监控液压系统的压力变化，预防系统故障。通过这些实时监控，船员可以有效地管理设备，延长其使用寿命，避免因设备故障导致运营中断。故障诊断是高精度传感器应用的另一个重要领域。船舶设备在长期运行中，难免会出现各种异常。高精度传感器能够捕捉到设备的异常振动、温度和压力变化，帮助船员进行故障诊断和预防性维护。振动传感器可以检测到发动机或发电机的异常振动，提示船员进行详细检查；温度传感器可以发现设备过热的情况，及时采取降温措施。通过这些实时数据分析，船员可以提前发现潜在的故障，进行必要的预防性维护，防止设备损坏和停机，从而减少维修成本和运营损失。

在燃油优化方面，高精度传感器也起着关键作用。燃油消耗是船舶运营成本的重要组成部分。通过高精度燃油传感器，船员可以实时监测燃油的消耗量，并根据实际情况优化燃油使用策略。例如，燃油流量传感器可以监测燃油的实时流量，帮助船员调整发动机的燃烧效率，提高燃油利用率。这样，不仅可以降低燃油消耗，减少运营成本，还能减少废气排放，提升环保效益。环保监测是高精度传感器在船舶运营中不可或缺的应用领域。随着环保法规的日益严格，船舶需要控制排放物的浓度，以减少对环境的污染。高精度排放传感器能够实时监测废气中的二氧化硫、氮氧化物和颗粒物浓度，确保排放物在环保法规允许的范围内。例如，排放传感器可以检测到废气中有害物质的浓度变化，提示船员调整燃烧设备，减少有害排放。通过这些实时监测，船舶可以更好地遵守环保法规，减少环境污染，提升环保形象。

（二）数据处理系统

1. 数据处理系统的核心功能

实时数据处理系统的核心功能是对传感器采集到的数据进行实时处理。这些数据包括温度、压力、振动、流量、燃油消耗和排放等关键参数。系统通过高速处理器和优化的算法，能够迅速分析大量数据，确保信息的及时性和准确性。例如，当温度传感器检测到发动机温度异常升高时，系统能够立即处理这一信息，并发出警报，提醒船员采取降温措施。这种即时性对于预防设备故障和保障船舶安全至关重要。通过人工智能和机器学习技术，数据处理系统自动分析数据的变化趋势，检测出超出正常范围的参数，并即时发出警报。例如，当振动传感器检测到发动机的振动频率异常增加时，系统会识别出这一异常情况，并通知船员进行检查。这样，船员可以及时发现潜在问题，采取措施避免故障和事故的发生，确保设备的正常运行。

实时数据处理系统不仅能识别当前的异常情况，还能通过趋势分析进行预测性维护。系统利用历史数据和实时数据构建模型，预测设备可能的故障时间和原因。这种预测性维护功能帮助船员提前进行必要的检修，避免设备突然停机，减少维护成本，提高船舶运营的可靠性。例如，系统可以通过分析燃油消耗数据，预测发动机可能出现的磨损问题，并建议船员在特定时间进行维护，从而延长设备的使用寿命。实时数据处理系统能够生成详细的报告，提供系统运行的全面信息。这些报告包括设备运行状态、能耗分析、排放情况、维护建议等，为船员和管理人员提供科学的决策依据。报告可以定期生成，也可以根据需求随时生成，确保管理人员掌握最新的运营情况。例如，燃油消耗报告可以帮助船员优化燃油使用策略，减少不必要的浪费，降低运营成本；排放情况报告则有助于船舶遵守环保法规，减少环境污染。

2. 数据处理系统在智能船舶中的应用

数据处理系统通过实时监测和分析，确保机舱内各种设备的正常运行。对于关键设备如发动机、泵、发电机等，系统能够提供精准的运行数据和维护建议，延长设备使用寿命，减少故障发生。燃油是船舶运营的重要资源。数据处理系统能够实时监测燃油消耗情况，优化燃油使用策略，提高燃油效率，降低运营成本。系统还可以分析不同航行条件下的燃油消耗，提供最佳航行方案，进一步节省燃油。现代船舶需要严格遵守环保法规，控制排放物浓度。数据处理系统能够实时监测废气排放情况，确保排放物在环保法规允许范围内。系统还可以根据排放数据调整燃烧和排放控制策略，减少污染物排放，保护环境。安全是船舶运营的重中之重。数据处理系统通过实时监控和分析，能够及时发现并处理安全隐患。例如，系统可以监测船舶的航速、航向、舵角等参数，防止碰撞和搁浅事故的发生。通过实时数据分析，系统可以提供最安全的航行方案，确保船舶和人员的安全。

（三）通信网络

1. 通信网络的基本功能

现代船舶运营依赖先进的通信网络，通过实现数据实时传输、信息共享以及远程监控和管理，极大地提高了船舶的运行效率和安全性。这些技术不仅连接了船舶与岸基系统，也为船员和管理人员提供了强大的决策支持和技术保障，确保船舶在复杂环境中始终保持最佳状态。通信网络的核心功能是实现数据的实时传输。在船舶机舱内，各种传感器实时采集温度、压力、振动、流量、燃油消耗和排放等数据。这些数据通过无线网络和卫星通信技术迅速传输到中央控制系统和远程监控中心。实时数据传输确保了船员和岸基管理人员能够及时掌握设备和系统的运行状态，快速作出准确的决策。例如，发动机的温度或压力异常时，系统能立即发出警报，使船员能够迅速采取措施，避免设备损坏或其他危险情况的发生。

通信网络实现了船舶与岸基系统的信息共享。船舶通过云端平台将采集到的数据上传，远程监控中心可以实时访问和分析这些数据。岸基的专家团队能够根据最新的数据提供技术支持和决策建议，解决船员在操作过程中遇到的问题。信息共享不仅提高了船舶与岸基之间的协同效率，还确保了问题能够在最短的时间内得到解决。举例来说，如果船舶在航行中遇到复杂的机械故障，岸基专家可以通过实时数据进行远程诊断，指导船员进行修复，从而避免了长时间的停航，等待专业技术人员的到来。通过远程监控，岸基监控中心可以实时查看船舶的运行数据，进行远程诊断和故障排除，提供专业的技术支持。即使在远洋航行中，船舶与岸基团队之间的联系依然紧密，这样确保了航行的安全和顺利。远程管理不仅减少了对现场专业技术人员的依赖，还提升了应对突发情况的能力。例如，当船舶在远离港口的航行中发生突发故障时，岸基监控中心可以立即介入，提供详细的操作指导，确保船舶能够安全继续航行或顺利返回港口进行维修。

2. 无线网络和卫星通信技术的应用

无线网络在船舶内部的应用尤为重要。船舶机舱内布置着各种传感器，用于监测温度、压力、振动、流量、燃油消耗和排放等参数。无线网络覆盖整个机舱，确保每一个传感器的数据能够迅速传输到中央控制系统。通过无线网络，监测设备和控制系统实现了无缝连接，提高了数据传输的速度和可靠性。无线网络的高效性和灵活性，使得船员可以实时获取设备的运行状态，及时进行维护和调整，避免潜在故障和安全隐患。例如，在船舶发动机监测中，无线网络能够迅速传输温度和压力数据。当系统检测到异常参数时，立即发出警报，使船员能够快速响应，防止设备过热或压力过高引发故障。无线网络的应用，不仅提高了数据传输的效率，还减少了布线复杂性和维护成本，为船舶的高效运行提供了坚实的技术支持。

卫星通信技术在船舶远洋航行中的应用，解决了数据传输的难题。船舶在海上航行时，通常无法依赖陆地网络进行数据传输。卫星通信技术通过卫星中继，实现了船舶与岸基系统之间的数据传输，即使在偏远海域，也能确保数据的实时上传和同步。卫星通信的高带宽和稳定性，保证了大量数据的快速传输，为远程监控和管理提供了可靠保障。在远洋航行中，船舶的运行环境复杂多变，实时数据的传输和监控尤为重要。通过卫星通信技术，岸基监控中心可以实时访问船舶的运行数据，进行远程诊断和技术支持。例如，当船舶在远洋航行中遇到机械故障，岸基专家可以通过实时数据进行远程诊断，指导船员进行修复，从而避免长时间的停航等待专业技术人员的到来。这种实时的远程支持，大大提高了船舶运营的效率和安全性。

3. 通信网络在智能船舶中的应用

实时监测和预警是通信网络在船舶运营中最重要的应用之一。船舶机舱内布置的各类传感器，实时采集温度、压力、振动、流量、燃油消耗和排放等关键数据。这些数据通过无线网络和卫星通信技术，迅速传输到中央控制系统和远程监控中心。一旦系统检测到异常情况，如设备过热或压力异常，能够立即发出预警信号。船员和岸基管理人员可以根据这些信号迅速作出反应，采取必要措施防止事故的发生。比如，当燃油系统出现泄漏时，及时的预警可以防止火灾等严重事故的发生，确保船舶和人员的安全。通过实时数据传输，岸基专家可以远程访问船舶的设备运行状态，进行设备状态的分析和故障诊断。当设备出现异常时，岸基专家能够根据实时数据，提供维护建议和技术支持，甚至进行远程调试和修复。这样，不仅减少了船舶停港时间，还降低了维护成本，提高了船舶的运营效率。例如，当船舶的发动机出现异常振动时，岸基专家可以通过数据分析，判断故障原因，并指导船员进行相应的维护操作，确保设备及时恢复正常运行。通过实时传输燃油消耗数据，岸基管理人员可以进行精确燃油使用监控和分析，优化燃油使用策略，提高燃油效率，降低运营成本。根据实时数据分析，管理人员还可以制定最佳航行路线，进一步节省燃油，减少排放。例如，通过分析不同航行条件下的燃油消耗数据，管理人员可以选择最节省燃油的航行路线，从而降低运营成本和环境污染。

二、实时监测技术在机舱中的应用

（一）发动机监测

船舶发动机作为机舱中最关键的设备之一，其稳定运行直接关系到船舶的安全和效率。为了确保发动机在最佳状态下运行，实时监测技术被广泛应用于船舶发动机的监控和管理中。

实时监测技术通过对发动机的各项关键参数进行监控，包括温度、压力、振动和燃油消耗等。这些参数反映了发动机的运行状态和健康状况，通过实时监测，船员可以及时了解到发动机的工作情况，发现潜在问题。一旦监测系统检测到发动机出现异常情况，如温度异常升高、压力异常波动、振动异常增大等，系统会立即发出警报。这种实时的警报机制使得船员能够迅速作出反应，采取必要的措施，防止故障扩大，保障船舶的航行安全。实时监测技术还能够进行发动机的远程监控和诊断。即使船舶在远洋航行中，岸基系统也能实时监测到发动机的运行状态，并进行远程诊断。通过远程监控和诊断，船舶管理人员可以及时了解到发动机的运行情况，为船员提供技术支持和维护建议。

（二）燃油系统监测

燃油系统的高效管理在船舶运营中扮演着至关重要的角色，不仅直接影响到船舶的经济性，还对环境保护起着重要作用。实时监测技术的应用为燃油系统的管理提供了全新的解决方案。实时监测技术能够对燃油的质量、消耗量和供给压力等关键参数进行精确监控。通过对这些参数的实时监测，船员可以及时了解到燃油系统的运行状态，包括燃油的流量、温度和压力等情况，从而能够及时发现燃油系统中的问题和异常。

实时监测技术能够帮助船员优化燃油使用策略，减少浪费和废气排放。通过实时数据分析，船员可以根据航行条件和燃油消耗情况，调整燃油供应的速度和压力，确保燃油的高效利用，最大程度地减少浪费。实时监测技术还能够帮助船员及时调整燃油供应，确保燃油效率最大化。通过实时监测系统提供的数据，船员可以及时调整燃油供给的速度和压力，确保燃油充分燃烧，提高燃油利用率，降低燃油消耗，从而减少碳排放，保护环境。

（三）辅助设备监测

船舶机舱内的辅助设备在船舶运营中扮演着至关重要的角色，它们的正常运行直接影响到船舶的安全性和效率。实时监测技术的应用为这些辅助设备的管理提供了全新的解决方案，保障了船舶的顺利航行。实时监测技术对辅助设备的运行状态进行了全面监控。无论是发电机、冷却系统还是空调系统，实时监测技术能够实时监测设备的温度、压力、湿度、振动等关键参数，及时发现设备运行中的异常情况，并及时发出警报，以便船员及时采取措施进行处理。

实时监测技术能够防止因设备故障导致的停机或损坏。通过对辅助设备的实时监测，船员可以及时了解到设备的运行状态，包括温度是否过高、压力是否异常、振动是否正常等情况，从而能够及时发现设备中的问题并进行处理，避免了设备因故障导致的停机或损坏，保障了船舶的安全性和效率。实时监测技术还能够提高辅助设备的运行效率。通过实时监测系统提供的数据，船员可以根据设备的运行情况进行及时调整，优化设备的运行参数，提高设备的运行效率，延长设备的使用寿命，降低船舶的运营成本。

（四）排放监测

在当今社会，环保意识的提升使得各行各业都必须严格遵守环保法规，船舶行业也不例外。船舶作为运输工具，其废气排放对海洋环境的影响尤为重要。为了保护海洋生态环境，实时监测技术在船舶排放控制中扮演了重要的角色。实时监测技术通过对废气排放的实时监测，能够准确检测二氧化硫、氮氧化物和颗粒物等有害物质的浓度。这种监测不仅能够及时发现排放的异常情况，还能够精确掌握排放物的浓度变化趋势，为环保管理提供了重要的数据支持。

实时监测技术还能够根据实时数据调整燃烧和排放控制策略，以减少污染物的排放。通过对船舶发动机的燃烧过程进行实时监测，系统可以及时调整燃烧参数，优化燃烧效率，降低污染物的生成量，从而实现排放控制的目的。实时监测技术还可以帮助船舶实现智能化的排放管理。系统可以根据实时监测数据和环保法规要求，自动调整排放控制装置的工作状态，实现对排放的精确控制，确保排放物在环保法规允许的范围内，有效保护海洋环境。

（五）远程监控和管理

实时监测技术在船舶领域的应用不仅局限于船舶内部的监控，还扩展到了远程监控和管理的领域。通过卫星通信和互联网等先进技术，船舶的实时数据可以迅速、安全地传输到岸基监控中心，实现了远程监控和管理，为船舶运营带来了诸多好处。远程监控和管理提高了问题处理的效率。船舶的实时数据可以及时传输到岸基监控中心，专家团队可以通过远程诊断和支持，快速地发现和解决问题。无须等待船舶返回港口或派遣技术人员上船，大大缩短了问题处理的时间，保障了船舶运营的连续性和安全性。

远程监控和管理减少了船舶停港时间和维护成本。传统上，船舶出现故障或需要维护时，往往需要停靠在港口进行维修，这不仅浪费了时间，还增加了维护成本。而通过远程监控和管理，许多问题可以在船舶继续航行的情况下远程解决，减少了停港时间，降低了维护成本，提高了船舶的运营效率和经济性同时远程监控和管理还提高了船舶的安全性。专家团队可以随时监控船舶的运行状态，及时发现并处理潜在的安全隐患，确保船舶和船员的安全。在面对突发情况时，可以迅速作出决策并采取应对措施，最大程度地减少安全风险。

控制系统设计与实施

设计和实施船舶机舱的控制系统是一个复杂而关键的过程，涉及多种技术和方法。

一、控制系统设计

（一）系统架构设计

1. 模块化设计

监控模块是整个系统的"眼睛"，负责采集和处理各类传感器数据，包括设备状态、运行参数和环境参数等。高精度和高响应速度是监控模块的关键要求，确保其能够实时获取准确的数据。例如，当发动机的温度或压力出现异常时，监控模块可以迅速捕捉到这些变化，并将数据传输给控制模块进行分析处理。高效的监控模块不仅提高了设备运行的安全性，还为控制模块的决策提供了可靠的数据支持。控制模块是系统的"大脑"，负责执行各种自动化操作和控制任务。根据监控模块提供的数据，控制模块可以对设备进行实时调整和优化，以确保设备的稳定运行。高可靠性和精确的控制能力是控制模块的核心特点。例如，在燃油系统中，控制模块可以根据实时监测到的燃油消耗数据，自动调整燃油供应，以达到最佳的燃油效率。通过这种精细化的控制，船舶不仅可以降低运营成本，还可以减少环境污染，提升整体运营效益。通信模块则是系统的神经网络，负责系统内部各模块之间以及与外部系统之间的通信。通信模块需要支持多种通信协议和方式，包括有线通信和无线通信，确保数据传输的及时性和安全性。通过高效的通信模块，各个功能模块之间可以实现无缝连接和协同工作。同时，通信模块还可以将船舶的实时数据传输到岸基监控中心，实现远程监控和管理，进一步提高船舶的运营效率和安全性。

模块化设计不仅在功能实现上具有显著优势，还极大地方便了系统的维护和升级。各个模块独立运行，出现故障时可以单独进行修复或更换，不影响其他模块的正常运行。例如，如果监控模块中的某个传感器出现问题，可以单独更换该传感器，而无须停运整个系统进行维修。升级时也可以针对具体模块进行优化和改进，提高系统的整体性能和功能。

2. 分层结构

传感层是整个系统的基础层，负责采集和传输各种传感器数据。高精度和高可靠性的传感器是这一层的核心，它们能够在复杂的海洋环境下稳定工作，确保数据的准确性和实时性。传感层采集的设备运行参数、环境参数等，是整个系统运行的基础数据。这些传感器必须具备耐用性，能够适应极端温度、湿度、振动和电磁干扰等复杂环境。例如，船舶发动机的温度、压力和振动传感器，可以实时监控发动机的运行状态，确保其在最佳状态下工作。控制层是系统的核心层，负责对传感层的数据进行处理和分析，并执行具体的控制任务。这一层决定了系统的反应速度和控制精度。控制层通过预设的算法和规则，对传感器数据进行处理和分析，进而执行相应的控制任务。例如，根据实时燃油消耗数据，控制层可以调整发动机的运行参数，以达到最佳燃油效率。高可靠性和快速响应能力是控制层的关键特点，确保每一个控制任务都能精确执行，避免因为延迟或误差导致设备故障和安全隐患。

分层结构设计不仅明确了各层的功能和职责，还大大提高了系统的灵活性和可扩展性。各层之间通过标准接口进行通信和协作，可以根据需求进行独立调整和优化，确保系统的整体性能和功能不断提升。例如，当需要增加新的传感器类型或升级现有的控制算法时，只需对传感层或控制层进行调整，而不会影响系统的其他部分。这样的设计使得系统能够不断适应新的技术和需求，保持其先进性和高效性。

3. 冗余设计

（1）硬件冗余

硬件冗余是通过增加备用硬件设备来提高系统的可靠性和容错能力。这包括备用传感器、备用控制器和备用通信设备等。硬件冗余的特点在于，当关键设备出现故障时，备用设备能够立即接替其工作，确保系统的连续运行和稳定性。在船舶控制系统中，关键设备如发动机控制器、电力系统和通信设备等，通常需要采用硬件冗余设计。例如，在发动机控制器中，如果主控制器出现故障，备用控制器可以立即接管控制任务，避免因控制器故障导致发动机停机和船舶失控。类似地，备用传感器可以在主传感器故障时继续提供关键数据，确保系统的监测功能不中断。这种硬件冗余设计不仅提高了系统的可靠性，还增强了系统的可维护性。在进行设备维护时，备用设备可以继续运行，避免了因设备停运而影响船舶的正常运营。

（2）软件冗余

软件冗余则通过增加软件算法的冗余，提高系统的可靠性和稳定性。软件冗余包括错误检测和校正算法、故障自动切换和容错设计等。软件冗余的特点在于，能够在软件故障发生时，通过自动检测和切换机制，确保系统的正常运行。在控制算法、数据处理和通信协议等软件模块中，通常需要采用软件冗余设计。例如，控制算法可以设计成具有多层次的错误检测和校正功能，当某一算法模块发生故障时，备用算法模块可以立即接替工作，保证系统的连续性。数据处理和通信协议也可以加入冗余设计，通过检测数据传输中的错误并进行校正，确保数据的完整性和准确性。软件冗余设计不仅提高了系统的稳定性，还增强了系统的智能化程度。在故障发生时，系统可以自动判断故障类型并切换到备用模块，减少人为干预，提高应急响应速度和处理效率。

（二）系统集成

1. 硬件集成

硬件集成在智能船舶控制系统中扮演着关键的角色，它将各类硬件设备有机整合，确保系统的高效和可靠运行。传感器、控制器、执行器和通信设备的无缝集成，是实现船舶自动化、智能化的基础，为船舶运营和管理提供了重要支持。

传感器作为系统的"感知器官"，选择高精度、耐用的传感器至关重要。这些传感器覆盖了船舶运行中的关键参数，如温度、压力、振动、流量等，能够在复杂环境中稳定工作，确保测量数据的准确性和稳定性。控制器是系统的"大脑"，选择高性能的 PLC 或 DCS，根据船舶的具体需求和规模进行配置。这些控制器具备快速响应、可靠运行和易于编程的特点，能够实现对传感器数据的实时处理和精确控制。执行器负责执行具体的操作，如阀门、电机、泵等。这些执行器需要具备高精度和高可靠性，能够快速响应控制指令，实现设备的精确控制，从而保证船舶系统的正常运行。通信设备是系统的"沟通桥梁"，选择可靠的通信设备至关重要，如工业以太网、无线通信模块等。这些通信设备需要具备抗干扰能力，能够在复杂电磁环境中稳定工作，确保数据传输的稳定性和安全性。

硬件集成的设计应考虑设备的兼容性和接口标准，确保各类设备之间的无缝连接和协同工作。同时，通过模块化设计和标准化接口，方便系统的维护和升级，提高系统的可维护性和可扩展性。这样的设计不仅能够保证船舶系统的高效运行，还能够降低运营和维护成本，提升船舶的竞争力和安全性。

2. 软件集成

软件集成在智能船舶控制系统中扮演着至关重要的角色，它将控制算法、数据处理和人机界面（HMI）有机整合到一个统一的软件平台中，实现各模块的协同工作，为船舶运营和管理提供了全方位的支持。

控制算法是软件集成的重要组成部分，它包括比例积分微分控制、自适应控制等。这些算法通过对传感器数据的实时处理和分析，实现对船舶机舱各设备的精确控制，确保船舶在不同工况下的安全运行和高效性能。数据处理模块负责对传感器数据进行采集、过滤、存储和分析。这些数据处理算法需要具备高效的数据管理能力和分析能力，能够实时处理大量数据，提供及时的反馈和预警，帮助船员快速作出决策和调整。人机界面是船员与智能控制系统交互的主要界面，它能提供直观的操作界面和丰富的数据展示功能。通过友好的用户交互界面，船员可以实时监控船舶的运行状态、参数变化和警报信息，方便进行操作和调整，保障船舶的安全和效率。

软件集成的设计应确保各模块之间的数据交换和协同工作。通过标准化的数据接口和通信协议，实现控制算法、数据处理和 HMI 的无缝集成，提升系统的整体性能和用户体验。这样的设计不仅能够提高船舶系统的自动化水平和智能化程度，还能够提高船员的工作效率和船舶的运营安全性，为船舶行业的发展和进步作出贡献。

3. 通信集成

通信集成在智能船舶控制系统中扮演着至关重要的角色，它确保了系统内各模块之间以及船舶与岸基之间的通信畅通，为实现实时监控和远程管理提供了可靠的基础。

内部通信网络负责传感器与控制器、控制器与执行器、各控制模块之间的通信。这些通信链路需要具备高带宽、低延迟和抗干扰能力，以确保传感器数据的及时传输和控制指令的快速响应，保障船舶系统的稳定运行和高效性能。外部通信网络负责船舶与岸基管理中心之间的通信。这种通信网络需要具备远程传输能力和数据加密功能，以确保数据传输的安全性和可靠性。常用的外部通信技术包括卫星通信和无线宽带通信，能够实现远程监控和管理，提高船舶的运营效率和安全性。

通信网络的设计应考虑网络拓扑结构、通信协议和数据安全等方面。通过合理设计网络拓扑，选择适合的通信协议和加密技术，确保通信网络的高效、安全和可靠。只有确保通信网络畅通，系统内外各模块才能有效协同工作，实现智能船舶控制系统的高效运行和管理。这样的设计不仅提高了船舶系统的自动化水平和智能化程度，还能够提高船员的工作效率和船舶的运营安全性，为船舶行业的发展和进步作出贡献。

二、控制系统实施

（一）安装

1. 硬件安装

硬件安装是智能船舶控制系统实施的基础，它直接关系到系统的性能和稳定性。按照设计方案，正确安装传感器、控制器和通信设备是确保系统正常运行和数据准确传输的关键步骤。选择适当的安装位置对于传感器的准确感知目标参数至关重要。例如，温度传感器应安装在热源附近，压力传感器应安装在压力变化明显的位置。在安装过程中，必须确保传感器固定牢固，以避免因震动和干扰而导致数据失真。

通常情况下，控制器安装在控制柜内，以确保易于维护和操作。在安装过程中，需要特别注意控制器的通风和散热，以防止控制器过热导致性能下降。此外，控制器与传感器和执行器的连接线应布线整齐，以确保数据传输的稳定性和准确性，同时避免因布线混乱而导致的干扰问题。通信设备如工业以太网交换机、无线通信模块等，应安装在信号良好且防护措施完善的位置。在安装过程中，必须确保通信设备与控制器和其他网络设备的连接可靠，通信线路的布线应合理规划，避免电磁干扰对系统稳定性的影响。

2. 软件部署

软件部署是智能船舶控制系统实现功能和用户交互的重要环节。在控制器和监控终端上正确部署控制软件和人机界面，对系统的稳定运行至关重要。控制算法和程序需要被正确地部署到控制器上，以确保控制器能够实时处理传感器数据并发出准确的控制指令。在进行软件部署时，需要按照标准流程进行，包括软件安装、参数配置和功能验证等步骤，确保软件的正确性和稳定性。在监控终端上安装和配置 HMI 软件，确保界面显示和操作功能正常。HMI 应根据用户需求进行定制，提供直观、易用的操作界面和数据展示功能，以方便操作人员进行监控和控制。需要配置控制器、监控终端和通信设备的网络参数，确保各设备能够正常通信。这包括 IP 地址分配、子网掩码设置和通信协议配置等内容，以确保网络通信的稳定性和安全性。

为了确保系统软件的正确运行，部署完成后需要进行功能测试和验证。这包括对控制算法的正确性进行验证、对 HMI 界面的显示效果和操作响应进行测试以及对数据传输的稳定性进行检查等。只有通过全面的测试和验证，才能确保系统软件能够正常运行，为智能船舶控制系统的稳定运行提供保障。

（二）测试与验证

1. 功能测试

功能测试是智能船舶控制系统实现稳定运行和可靠性的重要环节。通过测试系统的监控、控制、报警等各项功能，可以确保系统能够按照设计要求正常工作。

监控功能测试验证传感器数据的采集和显示功能。通过连接各类传感器，模拟实际环境，检查传感器数据的实时性和准确性。同时，也需要验证数据在人机界面上的显示和更新情况，确保操作人员能够及时获取准确的监控信息。控制功能测试验证控制器对各类执行器的控制功能。通过 HMI 发出控制指令，检查控制器的响应情况和执行器的动作，确保控制指令能够准确传达并被执行。这包括电机的启动停止、阀门的开关等操作。报警功能测试验证系统的故障和异常报警功能，通过故意设置故障或模拟异常情况，观察系统的报警响应，包括报警提示音、报警灯和报警信息的显示。确保系统能够及时发现并报警故障，提示操作人员采取相应的措施。

2. 性能测试

性能测试是智能船舶控制系统实现高效运行和可靠性的重要环节。通过评估系统的响应时间、精度、稳定性和容错性，可以确保系统在实际运行中能够达到设计要求，提供稳定可靠的服务。

响应时间测试评估系统从接收传感器数据到执行控制指令的时间，确保系统能够快速响应。通过测量从传感器数据变化到 HMI 显示变化、控制器发出指令到执行器动作的时间间隔，确保系统的响应时间在设计范围内，以保证系统能够及时有效地响应各种操作指令和异常情况。精度测试验证系统各项测量和控制的精度，确保数据和控制的准确性。通过对比传感器测量值与标准值，检查控制指令执行结果的精度，确保系统测量和控制的误差在允许范围内，以确保系统能够准确地监测和控制船舶各项参数。稳定性测试评估系统在长时间运行下的稳定性，确保系统能够持续、可靠地运行。通过长时间连续运行系统，观察系统性能变化，检查是否有数据丢失、传输延迟或其他不稳定现象，以保证系统能够稳定可靠地运行。容错性测试系统在出现故障或异常情况下的处理能力，确保系统具有一定的容错能力。通过模拟常见故障和异常情况，如传感器故障、网络中断等，观察系统的响应和处理措施，确保系统能够及时恢复或采取适当措施，以保证系统在面对各种异常情况时能够保持稳定可靠的运行状态。

3. 安全测试

安全测试是智能船舶控制系统实施过程中至关重要的一环。通过评估系统的数据传输安全性、系统防护能力和权限管理，可以确保系统在各种条件下的安全运行，保障船舶设备和人员的安全。

数据传输安全性测试评估系统的数据传输是否安全可靠，防止数据在传输过程中被截获或篡改。通过使用网络安全工具测试数据传输的加密和保护措施，如 SSL/TLS 协议，确保数据在传输过程中被有效保护，以防止敏感信息泄漏或被篡改。系统防护能力测试评估系统对外部攻击和内部故障的防护能力，确保系统能够在恶劣环境和异常条件下安全运行。通过模拟网络攻击、硬件故障、电磁干扰等情况，观察系统的防护和应对措施，确保系统能够有效防御和恢复，以保障系统的稳定运行。权限管理测试验证系统的用户权限管理功能，确保只有授权人员可以访问和操作系统。通过测试不同用户角色的权限设置，确保各级用户只能访问和操作其授权范围内的功能和数据，以防止未经授权的访问和操作，确保系统的安全性和稳定性。

（三）运行与维护

1. 系统运行

系统的监控涵盖了各个方面的运行状态，包括传感器数据的实时监测、控制器的工作状态、通信连接的稳定性等。通过实时监控系统的运行状态，可以及时发现并识别任何潜在的问题或异常情况。监控系统具有异常检测和预警功能，能够自动识别系统运行中的异常情况，并发出及时的预警信号。这种预警机制使得操作人员能够迅速响应，并及时采取措施解决问题，从而避免可能的安全风险。

监控系统还能够提供详尽的运行数据和报告，帮助船舶管理人员全面了解系统的运行状况。通过分析历史数据和趋势，可以及时发现潜在问题，并采取预防性措施，进一步提高系统的稳定性和可靠性。监控系统不仅可以在船舶上实现运行监控，还可以通过远程监控中心实现远程监控和管理。这种远程监控功能使得船舶管理人员能够随时随地监控系统的运行状态，及时响应任何异常情况，保障船舶的安全航行。

2. 定期维护

定期维护可以发现并解决系统运行中的潜在问题，预防故障发生。硬件检查是维护的首要任务之一，通过检查传感器、控制器和通信设备等硬件部件，可以发现并修复潜在的硬件故障，确保设备正常运行。软件升级是定期维护的重要内容之一。随着技术的不断发展和系统功能的不断完善，软件升级可以修复已知的 bug，增加新功能，提高系统性能和安全性。定期进行软件升级，可以确保系统始终处于最新状态，以应对不断变化的需求和挑战。数据备份也是定期维护的重要内容之一。系统中包含大量的重要数据，如传感器数据、控制参数、操作日志等，这些数据对系统的正常运行至关重要。定期进行数据备份，可以防止数据丢失或损坏，确保系统在意外情况下能够迅速恢复正常运行。

3. 故障处理

及时响应是故障处理的首要任务。一旦发现系统运行中出现故障，操作人员应立即响应，启动故障处理流程。这包括记录故障信息、暂时解决故障影响、通知相关人员等，以最小化故障对系统运行的影响。进行故障分析是解决问题的关键步骤。故障分析需要仔细查找故障原因，确定故障范围和影响，以便有针对性地采取修复措施。这可能涉及对硬件设备、软件程序和通信连接等多个方面的分析和排查。

采取有效的修复措施是解决故障的关键。一旦确定了故障原因，操作人员应根据实际情况采取相应的修复措施，包括设备更换、软件修复、通信重连等，以尽快恢复系统的正常运行。及时记录和总结故障处理过程也是重要的一步。通过记录故障处理过程，可以汲取宝贵的经验和教训，为今后类似问题的处理提供参考和指导，提高系统的应对能力和故障处理效率。

第 4 章

船舶动力系统自动化

船舶动力系统自动化的意义重大。传统的船舶动力系统依赖人工操作，不仅工作强度大、效率低，而且容易出现人为操作失误，导致事故发生。自动化技术通过智能控制和自动调节，大大减轻了船员的劳动强度，提高了系统的运行效率和可靠性。自动化系统能够实时监测动力系统的各项参数，如发动机转速、温度、压力和燃油消耗等，并根据预设的算法进行自动调节，确保动力系统始终处于最佳工作状态。这不仅提高了燃油利用效率，降低了运营成本，还减少了环境污染。

船舶动力系统自动化在实际应用中表现出色。例如，自动化控制系统可以实现发动机的自动启停和负荷分配，使得动力系统能够根据航行需求自动调整输出功率，达到节能减排的效果。自动化监测系统可以实时监测发动机和辅机的运行状态，及时发现和预警故障，避免事故的发生。此外，自动化技术还可以应用于燃油管理，通过精确控制燃油喷射量和燃烧过程，提高燃油燃烧效率，减少有害气体排放。通过自动化系统的实时监测和控制，能够及时发现潜在的故障和异常情况，并自动采取相应的措施。例如，当发动机温度过高或压力过低时，系统可以自动降低发动机负荷或停机进行维护，防止设备损坏和事故发生。同时，自动化系统还能提供详细的故障诊断和维护建议，帮助船员快速准确地排除故障，保障船舶的安全运行。

主机和辅助机械的自动化控制

主机和辅助机械的自动化控制在船舶机舱管理中至关重要，通过自动化技术可以提高操作效率、降低能耗、减少人为错误，增强安全性。

一、主机自动化控制

（一）启动与停止自动化

1. 自动启动程序

设计自动启动程序是确保船舶主机启动过程平稳和可靠的关键一步。这一程序需要按照预定的步骤和时间表，逐步激活主机的各个部件，确保它们在启动过程中的协调和稳定性。在设计自动启动程序时，需要考虑到主机启动的各个阶段。这包括准备阶段、点火阶段、加热阶段等。在准备阶段，程序应该检查主机的各个部件，确保它们处于良好的工作状态，以便顺利启动。在点火阶段，程序应该逐步激活点火系统，并监测点火过程的稳定性。在加热阶段，程序应该启动主机的加热系统，确保主机在启动后能够快速达到正常运行温度。

自动启动程序需要设定合理的时间表。这个时间表应该考虑到主机的特性和环境条件，确保在各个阶段的操作都能够在适当的时间内完成。例如，在点火阶段，程序应该设定一定的点火延迟时间，以确保点火系统能够充分准备好并保证点火的成功。在加热阶段，程序应该根据主机的加热性能和环境温度设定加热时间，以确保主机在启动后能够迅速达到稳定状态。自动启动程序需要具备一定的安全保护机制。这包括在启动过程中监测主机的各个参数，如温度、压力等，以及设定相应的报警和停机条件。如果在启动过程中出现异常情况，程序应该能够及时停止启动，并采取相应的安全措施，以避免对主机和船舶造成损坏。

2. 自动停止程序

设计自动停止程序是确保船舶主机安全停止的关键一步，它需要按照预定的步骤和时间表，在不损害设备的前提下，逐步降低主机的运行状态，最终实现安全停止。自动停止程序应该考虑到主机停止的各个阶段。这包括减速阶段、冷却阶段和停机阶段。在减速阶段，程序应逐步降低主机的负荷和转速，以减少主机部件的磨损和损坏。在冷却阶段，程序应启动主机的冷却系统，降低主机各部件的温度，以确保主机在停止后能够迅速冷却至安全状态。在停机阶段，程序应逐步关闭主机的各个部件，最终实现主机的完全停止。

自动停止程序需要设定合理的时间表。这个时间表应该考虑到主机的特性和环境条件，确保在各个阶段的操作都能够在适当的时间内完成。例如，在减速阶段，程序应该根据主机的运行状态和负荷设定减速时间和速度，以确保主机能够安全地减速到停止状态。在冷却阶段，程序应该根据主机的冷却系统性能和环境温度设定冷却时间，以确保主机在停止后能够迅速冷却至安全状态。自动停止程序需要具备一定的安全保护机制。这包括在停止过程中监测主机的各个参数，如温度、压力等，以及设定相应的报警和停机条件。如果在停止过程中出现异常情况，程序应该能够及时停止过程，并采取相应的安全措施，以避免对主机和船舶造成损坏。

（二）燃油管理

1. 燃油供给控制

通过燃油泵和阀门的自动控制，精确调节燃油供给，是提高船舶动力系统燃烧效率的重要措施。这项技术可以有效地提高燃油利用率，减少能源消耗，降低排放，从而实现船舶动力系统的可持续发展。燃油泵和阀门的自动控制可以根据船舶的实时运行状态和负荷需求，精确地调节燃油供给量。通过实时监测燃油消耗、船速、负荷情况等参数，控制系统可以动态调整燃油泵和阀门的开启程度，确保燃油供给与船舶需求匹配，避免了燃油过量供给或供给不足的情况，从而提高燃烧效率。

燃油泵和阀门的自动控制可以实现燃油的精准喷射和混合，优化燃烧过程。通过控制燃油泵的压力和阀门的开启时间，可以确保燃油在进入燃烧室时能够达到最佳的雾化状态，与空气充分混合，形成更加均匀的燃烧气雾，从而提高燃烧效率，减少燃料的浪费和排放物的产生。燃油泵和阀门的自动控制可以实现燃油的多级供给和调节，进一步优化燃烧效率。通过分阶段供给燃油，根据不同负荷情况和运行状态选择合适的供油模式，可以最大限度地降低能量损失，提高动力系统的整体效率。

2. 燃油过滤监控

自动监测和控制燃油过滤器的状态是确保船舶动力系统正常运行的关键一环。燃油过滤器的功能在于过滤燃油中的杂质和污染物，确保引擎燃烧所需的燃料清洁，防止污染物进入主机造成损害。通过自动监测和控制燃油过滤器的状态，可以及时发现和处理过滤器的异常情况，保障主机的正常运行。自动监测系统可以实时监测燃油过滤器的工作状态，包括压力、流量和滤芯状态等参数。通过传感器和监控设备，可以实现对燃油过滤器工作参数的实时监测，确保其在正常范围内运行。一旦监测到异常情况，比如压力过高或流量异常下降，系统将立即发出警报并采取相应措施，如停止供油或提醒操作人员及时更换滤芯，以避免对主机造成损害。

自动控制系统可以根据监测到的燃油过滤器状态，自动调节燃油供给量。当监测到过滤器工作异常时，系统可以自动调整燃油供给量，以减少对过滤器的负荷，延长其使用寿命，同时保证主机的正常运行。这种自动调节能力可以有效降低燃油过滤器的工作压力，减少故障发生的可能性，提高系统的可靠性和稳定性。自动监测和控制燃油过滤器的状态可以实现远程监控和管理。通过与船舶的远程监控系统相连接，可以实现对燃油过滤器状态的远程监测和实时反馈。这样，船舶的操作人员可以随时随地监控燃油过滤器的工作情况，及时采取措施，保障船舶动力系统的安全运行。

（三）冷却系统自动化

1. 温度监控与控制

通过温度传感器实时监测主机冷却液温度，自动调节冷却水泵和阀门，是确保船舶动力系统稳定运行的重要措施。主机冷却液温度的合适调节对于维持主机正常工作温度至关重要，过高或过低的温度都可能影响主机性能，甚至导致主机的损坏。温度传感器安装在主机冷却液循环系统中，可以实时监测冷却液的温度变化。传感器将实时获取的温度数据传输至控制系统，供控制系统进行分析和处理。

控制系统根据实时监测到的温度数据，自动调节冷却水泵和阀门。当温度超出设定范围时，控制系统会自动启动或停止冷却水泵，并调节阀门的开启程度，以调节冷却液的流量和速度。这种自动调节，可以及时降低或提高冷却液的流速，从而实现对主机冷却效果的调控，保持主机在适宜的工作温度范围内运行。通过自动调节冷却水泵和阀门，确保主机冷却效果的稳定性和可靠性。控制系统根据温度传感器实时监测到的温度变化，及时调整冷却系统的工作状态，保持主机冷却效果的恒定性。这样可以有效预防主机因过热或过冷而造成的损坏，保障船舶动力系统的正常运行。

2. 流量控制

自动控制冷却液流量是确保船舶冷却系统高效运行的关键措施。船舶冷却系统的稳定运行对于保障主机正常工作至关重要，而冷却液流量的合理控制则直接影响着冷却系统的效率和性能。通过流量传感器实时监测冷却液的流量。流量传感器安装在冷却系统的管道中，可以准确地监测冷却液的流动速度和流量。传感器将实时获取的流量数据传输至控制系统，供控制系统进行分析和处理。

控制系统根据实时监测到的流量数据，自动调节冷却液流量。控制系统可以根据预设的流量范围和工作状态，自动调节冷却系统中的阀门开启程度，从而控制冷却液的流速和流量。当需要增加或减少冷却液流量时，控制系统会相应地调节阀门的开启度，以确保冷却系统能够以最适宜的流量运行。通过自动控制冷却液流量，确保冷却系统的高效运行。控制系统根据流量传感器实时监测到的流量变化，及时调整冷却系统的工作状态，保持冷却液流量在合适的范围内稳定运行。这样可以有效地提升冷却系统的效率和性能，确保主机在良好的工作温度下稳定运行。

（四）润滑系统自动化

1. 油压监控

自动监测和调节润滑油系统的油压是确保船舶主机各部件充分润滑的关键措施。在船舶主机运行过程中，各个机械部件需要足够的润滑油来减少摩擦和磨损，以确保其正常运转和长期可靠性。而油压的监测和调节则是保证润滑油系统正常运行、维持适当润滑的重要手段。油压传感器安装在润滑油管路中，可以准确地监测润滑油在管道中的压力情况。传感器将实时获取的油压数据传输至控制系统，供控制系统进行分析和处理。

控制系统根据实时监测到的油压数据，自动调节润滑油系统的工作状态。控制系统可以根据预设的油压范围和工作状态，自动调节润滑系统中泵的工作速度或阀门的开启程度，从而控制润滑油的流量和压力。当油压偏高或偏低时，控制系统会相应地调节泵的转速或阀门的开启度，以确保润滑系统能够以适当的油压运行，保证主机各部件的充分润滑。通过自动监测和调节润滑油系统的油压，确保主机各部件的充分润滑。润滑油系统的正常运行和适当的油压可以有效减少机械部件之间的摩擦和磨损，延长主机的使用寿命，提高其工作效率和可靠性。这样可以确保船舶主机在各种工况下都能保持良好的运行状态，提升船舶的整体性能和安全性。

2. 油温控制

实时监控润滑油温度，并通过自动调节加热器和冷却器来保持润滑油在最佳温度范围内，是船舶润滑系统中的一项重要技术。润滑油在正确的温度范围内运行，可以保证其流动性和润滑性能，从而有效地减少机械部件的摩擦和磨损，延长船舶设备的使用寿命。温度传感器实时监测润滑油的温度。

温度传感器被安装在润滑油系统中的关键位置，如油箱或管道，可以准确地感知润滑油的温度变化。传感器将实时获取的温度数据传输至控制系统，供控制系统进行分析和处理。

控制系统根据实时监测到的润滑油温度数据，自动调节加热器和冷却器的工作状态。当润滑油温度偏离最佳温度范围时，控制系统会根据预设的温度范围和工作状态，自动启动加热器或冷却器，以调节润滑油的温度。当润滑油温度过低时，加热器会被启动，将润滑油加热至最佳温度范围；而当润滑油温度过高时，冷却器会被启动，将润滑油冷却至最佳温度范围。通过实时监控润滑油温度，并自动调节加热器和冷却器，保持润滑油在最佳温度范围内。在最佳温度范围内运行的润滑油可以确保其具有良好的流动性和润滑性能，从而有效地减少机械部件之间的摩擦和磨损，以提高船舶设备的工作效率和可靠性。

（五）排放控制

1. 废气处理

自动监控和控制废气处理装置是船舶环保管理中的重要环节，旨在确保船舶排放的废气符合环保标准，减少对环境的污染。废气处理装置包括废气洗涤器和选择性催化还原（SCR）系统等，通过自动化监控和控制，实现对废气处理过程的精确管理和优化。通过安装废气处理装置中的各类传感器，实时监测废气的关键参数，如氮氧化物、二氧化硫和颗粒物（PM）的浓度等。传感器将采集到的数据传输至控制系统，供系统进行实时分析和处理。

控制系统根据传感器获取的废气参数数据，实施自动化控制策略，调节废气处理装置的运行状态。当监测到废气排放浓度超过环保标准时，控制系统会自动调节废气处理装置的工作参数，如增加洗涤液的喷射量、调节 SCR 系统的氨水注入量等，以降低废气中有害物质的排放浓度。控制系统还可根据船舶运行状态和环境条件，自动调节废气处理装置的工作模式。例如，在船舶靠近沿岸或敏感区域时，控制系统可以自动切换至高效模式，加强废气处理装置的处理能力，确保排放达到更严格的环保要求。

2. 排放监测

实时监测排放物浓度并自动调节燃烧参数，是一项关键的环境保护措施，旨在降低船舶燃烧过程中产生的有害气体排放，减少对大气环境的污染，保护海洋生态系统的健康。通过安装排放物监测传感器，实时监测船舶燃烧过程中产生的排放物浓度，包括氮氧化物、二氧化硫和二氧化碳（CO_2）等关键参数。这些传感器将采集到的数据传输至控制系统，供系统进行实时分析和处理。

控制系统根据传感器获取的排放物浓度数据，自动调节燃烧参数，优化燃料的燃烧过程，降低有害气体的产生。例如，当监测到 NOx 或 SOx 浓度超过环保标准时，控制系统会自动调节燃料供给量或燃烧温度，以减少氮氧化物和硫氧化物的生成。同时，控制系统还可以根据船舶负荷和运行状态，自动调整燃烧参数，实现燃料的高效利用和排放物的最小化。控制系统还可以根据船舶所处的环境条件和航行区域的要求，自动切换不同的燃烧模式。例如，在进入敏感区域或靠近沿岸地区时，系统可以自动切换至低排放模式，进一步减少有害气体的排放，确保船舶排放符合更严格的环保要求。

二、辅助机械自动化控制

（一）发电机控制

1. 自动并网

首先发电机并入电网的过程始于预操作阶段。在此阶段，系统会进行必要的准备工作，包括检查发电机和电网的状态、确认连接线路的完好性、调整发电机的参数等。同时，系统会根据电网的负荷需求和运行状态，预设发电机并网时的电压、频率等参数，确保与电网的匹配性。

其次是发电机启动和同步阶段。在此阶段，系统会启动发电机并调节其输出电压和频率，使之与电网的电压和频率保持一致。同时，系统会监测发电机与电网的同步情况，确保二者在电压、频率、相位等方面达到匹配要求，以实现发电机与电网的同步运行。

再次是发电机并网阶段。一旦发电机与电网同步，系统会自动控制发电机逐渐增加输出功率，并将其连接至电网。在此过程中，系统会不断监测发电机和电网的运行状态，确保并网操作的安全和稳定。如果发现任何异常情况，系统会立即采取相应措施，如减少发电机输出功率、断开与电网的连接等，以防止对电网和设备造成损坏。最后是并网完成和稳定运行阶段。一旦发电机成功并入电网，并且与电网实现稳定运行，系统会完成并网操作。此时，系统会继续监测发电机和电网的运行情况，确保并网操作的持续安全和稳定。同时，系统会根据电网的负荷变化和运行需求，动态调节发电机的输出功率，以保持电网的稳定运行。

2. 负载分配

系统会通过安装在发电机上的负载传感器实时监测发电机的负载情况，包括当前输出功率、电流和电压等参数。这些数据将被传输到控制系统中进行处理和分析。控制系统会根据电网的负荷需求和发电机的性能特点，制定合理的负载分配策略。通过预设的算法和规则，系统可以动态调节各个发电机的输出功率，使其尽可能地接近额定负载，同时保持整个发电系统的平衡。

在负载分配过程中，系统会考虑到各个发电机的运行状态和工作能力，以避免过载或欠载现象的发生。如果某台发电机负载过重，系统会自动调节其输出功率或启动备用发电机进行支援；如果某台发电机负载过轻，则会调整其输出功率或将负载转移到其他发电机上，以实现负载均衡。系统还会根据电网负荷的变化和预测，进行负载分配的实时调整。通过持续监测电网负荷情况，并根据实际需求调整发电机的负载分配，可以确保发电系统始终保持在最佳运行状态。

3. 紧急停机

系统会通过安装在发电机上的故障检测传感器实时监测发电机的运行状态和关键参数。这些传感器可以检测发电机的电流、电压、温度、振动等参数，并将数据传输到控制系统中进行分析和处理。当故障检测传感器检测到发电机存在故障或异常情况时，控制系统会立即启动紧急停机程序。该程序会自动切断发电机的电源，并执行相应的停机流程，以防止故障进一步扩大，并保护设备和人员的安全。通过自动检测发电机故障并执行紧急停机程序，可以最大限度地减少故障对设备和人员的损害，保护发电系统的安全和稳定运行。这项技术的应用将为发电行业带来重要的安全保障和经济效益，推动发电设备向智能化、自动化的方向发展。

（二）锅炉控制

1. 燃烧控制

系统会通过安装在锅炉燃烧室内的燃烧器、控制器以及各种传感器（如温度传感器、压力传感器和氧含量传感器等）实时监测燃烧室内的温度、压力、氧含量等关键参数，并将数据传输给控制器进行分析处理。在燃料供给方面，系统会配置自动供给系统，包括燃料输送装置和燃料阀门控制装置。通过这些装置，系统能够根据实时监测的燃烧室状态和生产需求，精确控制燃料的供给量和供给时间，确保燃料燃烧的稳定性和效率。在燃烧控制方面，系统会根据传感器实时反馈的数据,通过控制器对燃烧器进行调节。控制器能够根据燃料供给量、燃气成分和燃烧室内的温度压力等参数,自动调节燃烧器的燃烧强度和燃气混合比,以达到最佳的燃烧效果。

2. 水位监控

系统会安装水位传感器在锅炉水箱内部。这些传感器能够实时监测水位高度,并将数据传输给控制器进行分析处理。控制器根据接收到的水位数据,自动判断锅炉水位是否处于安全范围内。当水位过低时,系统会自动启动给水泵,向锅炉补充足够的水量,以防止锅炉缺水。同时,系统会发送警报信号给操作人员,提醒其及时处理。当水位过高时,系统会自动开启放水阀门,将多余的水排出锅炉,以防止锅炉溢出。同时,系统也会发送警报信号,提醒操作人员及时处理。

3. 压力控制

自动调节锅炉压力系统通过安装在锅炉内部和管道上的压力传感器,实时监测锅炉内的压力情况。这些传感器将采集到的压力数据传输给中央控制系统,中央控制系统根据预设的压力范围和当前的实际压力,自动调节燃烧器的燃料供给量,以维持锅炉内部的压力稳定在安全范围内。当锅炉压力过高时,中央控制系统会降低燃料供给量,甚至在必要时启动排气阀,将多余的蒸汽排出,以防止锅炉因过高的压力而爆炸。同时,系统会发送警报信号给操作人员,提示其检查锅炉运行状态,确保一切正常。当锅炉压力过低时,中央控制系统会增加燃料供给量,提升燃烧强度,以增加锅炉内的蒸汽生成量,从而提高压力,确保蒸汽供应的持续性和稳定性。系统也会发送警报信号,提醒操作人员进行必要的维护和检查。

(三)压缩机控制

1. 启停控制

自动控制压缩机的启动和停止,确保系统压力在设定范围内。自动启停控制是压缩机系统自动化的基本功能之一。通过预设的控制逻辑和传感器反馈,压缩机能够在系统压力达到设定范围时自动启动或停止,从而维持稳定的运行状态。当系统检测到压力低于设定的下限值时,控制器发出启动指令,压缩机开始运行,逐步提高系统压力,确保供气需求得到满足。当系统压力达到或超过设定的上限值时,控制器发出停止指令,压缩机停止运行,防止系统压力过高,确保安全性。这种自动启停控制不仅提高了系统的响应速度,还有效减少了人为操作的失误，提高了压缩机的使用寿命。

2. 压力监控

实时监测系统压力，自动调节压缩机运行，保持稳定的供气压力。压力监控是确保压缩机系统高效运行的关键。通过实时监测系统压力，自动控制系统能够根据实际需求调节压缩机的运行状态，保持稳定的供气压力。利用高精度压力传感器，系统能够连续监测压缩机输出和系统管道中的压力变化。根据监测到的压力数据，自动控制系统调整压缩机的工作状态，如改变转速或切换运行模式，以维持设定的压力范围。通过压力监控，压缩机系统能够快速响应负载变化，确保供气的连续性和稳定性，避免因压力波动对下游设备造成的影响。

3. 温度监控

自动监测压缩机的温度，防止压缩机温度过热引起故障。温度监控是压缩机保护措施的重要组成部分。压缩机在高负荷运行时容易产生大量热量，若不及时监测和调节，可能导致设备过热，甚至引发故障或损坏。在压缩机的关键部位安装温度传感器，实时监测设备的运行温度。当检测到温度超过安全阈值时，自动控制系统会采取相应措施，如减小负载、降低转速，或者触发冷却系统，确保压缩机在安全温度范围内运行。通过自动温度监控，可以有效防止因温度过热导致的设备损坏，提高系统的可靠性和运行寿命。

（四）泵系统控制

1. 启停自动化

根据系统需求自动控制泵的启动和停止，确保流体供给的连续性和稳定性。启停自动化是泵系统实现高效运行的基本功能之一。通过自动化控制，泵能够根据系统需求自动启动或停止，从而保持流体供给的连续性和稳定性。当系统检测到流体需求增加或流体供应不足时，自动控制系统会发出启动指令，泵开始运行，确保流体及时供应。当系统需求减小或存储设备已满时，自动控制系统会发出停止指令，泵停止运行，避免过量供给和资源浪费。这种自动启停控制不仅提高了泵系统的响应速度，还减少了人为操作的误差，延长了设备的使用寿命。

2. 流量和压力控制

实时监测和自动调节泵的流量和压力，满足系统运行需求。流量和压力控制是泵系统自动化的重要组成部分，通过实时监测调节流量和压力，泵系统可以满足不同工况下的运行需求。利用流量计和压力传感器，系统能够连续监测泵的流量和压力变化，获取准确的运行数据。根据实时监测数据，自动控制系统调整泵的运行参数，如转速和阀门开度，以维持设定的流量和压力范围。通过流量和压力控制，泵系统能够适应负载的变化，确保系统稳定运行，提高整体效率。

3. 状态监控

自动监测泵的运行状态，提前预警和处理故障，减少停机时间。状态监控是泵系统维护和管理的重要手段，通过自动监测泵的运行状态，可以及时发现和处理故障，减少停机时间。在泵的关键部位安装传感器，实时监测温度、振动、电流等运行参数。当监测到异常数据或潜在故障时，自动控制系统发出预警，提醒操作人员采取相应措施。必要时，系统可以自动调整泵的运行状态或执行紧急停机，以保护设备和系统安全。通过状态监控，泵系统的故障检出率和处理效率大幅提高，减少了因设备故障导致的停机时间，确保了系统的连续运行。

节能与性能优化

在船舶机舱的自动化控制中，节能与性能优化是实现高效、环保运营的重要目标。通过应用先进的自动化技术和智能控制系统，可以显著降低能耗、提高设备性能，并减少环境影响。

一、节能技术

（一）燃油优化控制

1. 燃油管理系统

随着船舶动力系统的不断发展和技术进步，燃油的供给和消耗管理已成为船舶运营中至关重要的一环。在这个过程中，实时监测和控制燃油供给和消耗是确保引擎高效运行的关键。通过采用先进的自动化技术和智能控制系统，船舶可以实现对燃油的精确管理，以优化燃油混合比例，从而提高燃烧效率，减少能源消耗，降低排放。实时监测燃油的供给和消耗是实现高效能源管理的前提。通过在关键位置安装传感器和监测设备，船舶可以实时获取燃油消耗的数据，并将其反馈给控制系统。这些数据包括燃油流量、压力、温度等，为系统提供了关于燃油使用情况的全面信息。

通过智能控制系统的应用，船舶可以根据实时监测数据对燃油供给进行精确控制。控制系统可以根据船舶当前的运行状态和负载情况，自动调节燃油供给量，以确保引擎始终处于最佳工作状态。这种精准的燃油供给管理可以最大限度地提高燃烧效率，同时减少能源浪费。优化燃油混合比例是进一步提高燃烧效率的关键步骤。通过控制系统对燃油供给量和空气混合比进行动态调节，船舶可以确保燃油在燃烧时达到最佳状态。这种精确的燃油混合管理不仅可以提高燃烧效率，还可以减少废气排放和环境污染。

2. 燃油黏度控制

船舶作为庞大的运输工具，在航行过程中需要大量的能源支持，而燃油作为主要的动力来源，在船舶动力系统中起着至关重要的作用。为了提高燃油的利用效率和保护环境，自动调节燃油的黏度成为船舶动力系统优化运行的一项重要措施。不同类型的燃油在不同的运行条件下具有不同的黏度特性。例如，重质燃油通常具有较高的黏度，而轻质燃油则具有较低的黏度。针对这一特点，船舶动力系统可以通过智能控制系统根据实时监测的燃油类型和运行条件，自动调节燃油的黏度，以确保燃油在燃烧时达到最佳状态。

自动调节燃油的黏度可以实现更加高效的燃烧过程。当燃油的黏度适合当前的运行条件时，可以更好地与空气混合，从而提高燃烧效率，减少废气排放。特别是在高负荷运行时，通过调节燃油黏度，可以有效防止燃油在燃烧室内过早凝结，提高燃烧效率，降低能源消耗。自动调节燃油的黏度也有助于延长引擎和设备的使用寿命。在燃油黏度适合的情况下，可以减少燃烧室和喷油器等部件的磨损，降低设备的维护成本，延长设备的使用寿命，从而提高船舶的运行可靠性和经济性。

3. 燃油加热系统

随着航海科技的不断发展，船舶动力系统的自动化水平不断提高，各种智能化技术被广泛应用于船舶的能源管理和环保措施中。其中，利用自动控制的加热器预热燃油是一项有效的技术，可以提高船舶动力系统的燃烧效率和能源利用率。燃油的温度对于燃烧效率具有重要影响。当燃油温度较低时，其黏度较高，流动性较差，难以完全燃烧，容易产生碳积和废气排放。而通过利用自动控制的加热器预热燃油，可以将燃油预热至适宜的温度范围，使其黏度降低，流动性增强，更易于喷射和混合气体，从而提高燃烧效率，减少排放。

预热燃油可以避免引擎因为冷启动而受到损坏。在低温环境下，未预热的燃油可能会造成引擎部件的磨损和损坏，影响船舶的正常运行。通过自动控制加热器，可以及时将燃油加热至适宜的温度，减少冷启动时的摩擦和磨损，延长设备的使用寿命。预热燃油还可以提高船舶动力系统的稳定性和可靠性。在不同的运行条件下，预热燃油可以保持燃烧过程的稳定性，避免因为燃油温度变化而导致的引擎性能波动，确保船舶动力系统的连续稳定运行。

（二）电力管理

1. 智能电力分配

随着船舶科技的不断进步，船舶动力系统的智能化水平逐渐提高，各种先进的自动化技术被广泛应用于船舶的能源管理和运行控制中。在这一趋势下，实时监控船舶的电力需求及智能调度发电机组的运行成为一项重要的技术手段，可以有效优化电力系统的运行，提高能源利用效率，实现节能减排和环保目标。通过实时监控船舶各个系统和设备的电力需求，可以精确掌握船舶的电力消耗情况。监控系统可以实时收集各个系统和设备的电力需求数据，并通过智能算法对数据进行分析和处理，得出船舶当前的电力需求状况。在此基础上，智能调度系统可以合理安排发电机组的运行，确保满足船舶的实际需求，避免不必要的发电，从而降低能源消耗。

智能调度发电机组的运行可以优化负载分配，提高电力系统的运行效率。通过合理调度各个发电机组的运行状态，可以有效平衡电力系统的负载分布，避免某些发电机组过度负荷而造成能源浪费，同时确保每个发电机组的运行效率和稳定性，延长设备的使用寿命。实时监控和智能调度还可以提高船舶电力系统的稳定性和可靠性。通过持续监控电力系统的运行情况，并及时调整发电机组的运行状态，可以防止因为负载波动而导致电力系统不稳定，保障船舶的电力供应稳定性，确保船舶各项工作和生活设施的正常运行。

2. 能量回收系统

在船舶动力系统的运行中，发动机产生的废热一直是一个被人们关注的问题。传统上，这些废热会直接排放到环境中，造成能源资源的浪费和环境的污染。为了更好地利用这些废热资源，保护环境、节约能源，废热回收技术应运而生。废热回收技术利用热能转换原理，将发动机产生的废热转化为可用的电能或机械能，从而实现能源资源的再利用。具体而言，废热回收系统通常包括废热回收装置、能量转换设备和能量储存装置。在船舶动力系统中，废热回收装置可被安装在发动机排气管道或冷却水循环系统中，用于收集和回收废热。通过热交换和能量转换设备，废热被转化为电能或机械能，并存储在能量储存装置中，以备后续使用。

废热回收技术的应用对船舶动力系统的能效提升具有重要意义。首先，废热回收技术可以有效降低船舶的能耗。将废热转化为可用的能量资源，可以减少对传统能源的依赖，降低燃料消耗，从而降低船舶的运营成本。其次，废热回收技术可以减少环境污染。通过有效回收利用废热，减少了对环境的热污染，降低了大气排放物的排放量，有利于保护海洋生态环境。最后，废热回收技术还可以提高船舶动力系统的可靠性和稳定性。通过将废热转化为备用能源，可以提供额外的电力或机械能支持，增强了系统的应对能力，减少了因能源供应不足而导致的运行故障和事故发生的可能性。

（三）空气与冷却系统优化

1. 自动化通风系统

船舶机舱内的通风系统一直是船舶能源管理中不可忽视的重要组成部分。传统的通风系统通常采用定时或手动控制方式，存在通风不及时、能耗高等问题。为了更好地满足船舶机舱通风需求，提高通风系统的能效，智能通风系统应运而生。智能通风系统利用先进的传感技术和智能控制算法，根据机舱内的温度和湿度变化实时调节通风系统的运行，以达到最佳通风效果和能源利用效率。具体而言，智能通风系统通过安装在机舱内的温度和湿度传感器实时监测机舱内的环境参数，将数据反馈给智能控制器。智能控制器根据预设的通风策略和算法，自动调节通风设备的运行状态，包括风扇转速、通风口开启度等，以实现对机舱内环境的精准调控。

智能通风系统的应用显著增强了船舶机舱通风效果并提高了能源利用效率。首先，智能通风系统可以根据实际环境变化智能调节通风设备的运行，避免了传统定时或手动控制方式下通风不及时或过度通风的问题，增强了通风效果。其次，智能通风系统可以根据机舱内的实际需求动态调节通风设备的运行，减少了不必要的通风和能耗，降低了通风系统的运行成本。最后，智能通风系统还可以提高船舶机舱通风系统的稳定性和可靠性。通过智能控制算法的应用，可以实现通风系统的自主运行和故障自诊断，及时发现并处理通风设备故障，保障通风系统的正常运行。

2. 冷却水系统优化

船舶的冷却系统是确保主要机械设备正常运行的关键组成部分之一。为了保证冷却系统始终处于最佳状态，实时监控和自动调节冷却水泵的运行成为了必不可少的环节。通过实时监测冷却系统的工作状态并自动调节水泵的运行，可以确保冷却系统在最佳状态下运行，从而减少能源浪费，提高系统的效率和稳定性。实时监控冷却系统的工作状态可以帮助船舶操作人员及时了解系统的运行情况。通过安装在冷却系统各关键部位的传感器，可以实时监测冷却水的温度、压力以及流量等参数，并将数据反馈给智能控制系统。操作人员可以通过智能监控系统实时了解冷却系统的运行状态，及时发现并处理异常情况，确保系统的稳定运行。

通过自动调节冷却水泵的运行，可以根据实时监测到的数据智能地调节水泵的转速和水流量，使冷却系统始终处于最佳工作状态。当冷却水温度过高或压力异常时，智能控制系统可以自动增加水泵的运行速度，增加冷却水的流量，从而有效降低系统温度，确保冷却效果。相反，当冷却水温度和压力处于正常范围内时，智能控制系统可以适当降低水泵的运行速度，减少能源消耗，实现节能减排的目的。实时监控和自动调节冷却水泵的运行还可以延长设备的使用寿命，减少维护成本。通过保持冷却系统处于最佳工作状态，可以有效减少设备的磨损和损坏，降低维修频率和维护成本。

3. 变频控制技术

变频控制技术可以根据实际需求智能调整风机和泵系统的运行速度，实现能源的精确调配。通过安装变频器设备，可以实时监测系统的运行状态和负荷情况，并根据实际需求自动调节电机的转速，使其始终处于最佳工作状态。当系统负荷较轻时，可以降低电机的转速，减少能源消耗；当系统负荷较重时，可以提高电机的转速，保证系统正常运行。这种智能调节运行速度的方式可以最大限度地提高系统的能效，减少能源浪费。

变频控制技术还可以降低系统的运行噪声和机械磨损，提高系统的运行稳定性和可靠性。由于变频器可以根据实际负荷情况自动调节电机的转速，避免了传统固定转速运行方式下的频繁启停和冲击，降低了系统的机械磨损和噪声产生，延长了设备的使用寿命，减少了维护成本。通过应用变频控制技术，可以实现对风机和泵系统的远程监控和智能管理，提高了泵系统的运行效率和管理水平。船舶操作人员可以通过监控系统实时了解风机和泵系统的运行状态和能耗情况，及时调整运行参数，实现系统的最佳运行状态。同时，还可以实现对系统的远程诊断和故障排除，提高了泵系统的响应速度和处理能力。

（四）航行优化

1. 自动航速控制

通过实时监测航行条件和船舶负载情况，船舶智能控制系统可以准确掌握船舶的运行状态，包括海况、风力、载货量等因素。根据这些信息，系统可以自动计算出最佳航速，并通过控制船舶主机和推进系统实现航速的智能调节。在良好的航行条件下，系统可以适当提高航速以缩短航行时间；在恶劣的航行条件下，系统可以适当降低航速以保证船舶的安全和稳定。这种根据实际情况智能调节航速的方式，不仅能够减少燃油消耗，还能够提高船舶的航行效率，实现经济运营和环保目标的双赢。

通过应用先进的航行模型和数据分析技术，船舶智能控制系统可以实现对航速优化的精细化管理。系统可以根据航行条件和船舶特性建立相应的航行模型，并通过实时监测和数据分析技术不断优化和更新模型参数，以确保航速调节的准确性和有效性。同时，系统还可以结合航线规划和预测信息，实现对未来航行路线和条件的预测，进一步优化航速调节策略，最大限度地降低燃油消耗，提高航行效率。通过船舶智能控制系统的远程监控和管理功能，船舶管理人员可以随时随地实时掌握船舶的航速和燃油消耗情况，及时调整航速和航行策略，实现对船舶运行的精细化管理。同时，系统还可以通过数据采集和分析技术对船舶的航行性能和节能效果进行评估和反馈，为船舶管理决策提供科学依据，进一步提高船舶的经济效益和环保效益。

2. 路线优化

天气预报和海洋环境数据是船舶航行路线优化的重要依据。天气预报可以提供未来一段时间内的气象条件，包括风力、风向、气压等因素；而海洋环境数据则可以提供海况、潮汐、水深等信息。通过实时监测和分析这些数据，船舶智能化系统可以准确掌握当前和未来的航行环境，为航行路线的优化提供科学依据。

船舶智能化系统可以根据天气预报和海洋环境数据实现航行路线的自动优化。系统可以根据船舶特性、货物种类和目的地等因素，结合天气预报和海洋环境数据，通过优化算法和路径规划技术，自动生成最佳航行路线。这种自动优化的航行路线不仅考虑了航行时间的最小化，还充分考虑了燃油消耗、船舶安全和航行稳定性等因素，实现了多方面的综合优化。通过实时监控和反馈机制，船舶智能化系统可以不断优化和调整航行路线。系统可以实时监测航行环境的变化，根据实际情况及时调整航行策略，保证船舶的安全和稳定。同时，系统还可以通过数据采集和分析技术对航行路线的效果进行评估和反馈，为今后的航行路线优化提供参考依据，不断提高船舶的航行效率和经济性。

3. 自动舵系统

利用先进的导航系统实时监测船舶的航行状态和环境条件。导航系统可以通过 GPS、惯性导航等技术精确获取船舶的位置、航向、速度等信息，同时可以实时监测海况、风向、水流等环境因素。这些数据为船舶的舵角调整提供了准确的基础，为优化航行路线和节约燃油奠定了坚实的基础。

利用先进的控制算法实现舵角调整的智能化和优化。通过分析导航系统提供的数据，结合船舶的特性和航行条件，控制算法可以计算出最优的舵角调整方案。这些方案不仅考虑了船舶的航向变化，还充分考虑了船舶的稳定性、航行阻力和燃油消耗等因素，从而实现了舵角调整的智能化和优化。利用实时反馈和调整机制不断优化舵角调整策略。在航行过程中，船舶的航行状态和环境条件可能发生变化，因此需要实时监测和调整舵角。通过实时反馈系统，船舶可以根据实际情况及时调整舵角，保持船舶的稳定性和航行效率。这种实时调整的机制可以不断优化舵角调整策略，最大限度地降低航行阻力和燃油消耗，从而实现船舶的高效航行。

二、性能优化技术

（一）数据采集与分析

1. 实时监控

通过传感器网络实时采集主机和辅助机械的温度数据。温度是反映机械设备运行状态的重要参数之一，对于主机和辅助机械的正常运行至关重要。传感器网络可以实时监测各部件的温度变化，及时发现异常情况并采取相应措施，保障设备的安全稳定运行。

传感器网络还可以实时采集主机和辅助机械的压力数据。压力是反映系统工作状态和负载情况的重要指标，对于保持系统的稳定运行和性能优化至关重要。传感器网络可以精确监测各个关键部位的压力变化，实时调整系统的工作参数，确保系统在最佳状态下运行。流量和振动等参数也是传感器网络实时采集的重要数据。流量数据反映了液体或气体在管道中的流动情况，振动数据则反映了机械设备的运行稳定性。通过实时监测这些参数，船舶可以及时发现管道堵塞、泵浦故障、机械磨损等问题，并采取相应的维修和调整措施，保障船舶设备的安全运行。

2. 数据分析平台

利用大数据分析技术处理采集的数据，可以将海量的数据转化为有用的信息和洞察。船舶动力系统涉及的数据种类繁多，包括主机运行数据、燃油消耗数据、航行状态数据等。通过大数据技术，可以实现数据的快速清洗、存储和处理，提取出有价值的信息，为后续的分析和决策提供支持。

利用大数据分析技术分析采集的数据，可以发现性能瓶颈和优化点。通过对主机运行数据的分析，可以识别出主机运行过程中的异常情况和性能下降原因，及时采取相应的维护和调整措施，保障主机的安全稳定运行。同时，通过对燃油消耗数据的分析，可以优化燃油消耗策略，降低燃油成本，提高船舶的经济性和环保性。

利用大数据分析技术发现的优化点，可以指导船舶动力系统的改进和优化。通过对数据分析结果的深入理解，可以制订针对性的优化方案，包括调整设备参数、改进运行策略、优化维护计划等。这些措施将有助于提高船舶动力系统的整体性能，实现运营成本的降低和效率的提高。

3. 故障预测与诊断

机器学习和人工智能技术通过对设备历史运行数据的学习和分析，建立预测模型。这些模型能够识别出设备运行中的规律性变化和异常情况，预测可能出现的故障类型和发生时间。通过对设备的预测维护，可以提前发现潜在的故障隐患，采取相应的维修和保养措施，避免设备故障对生产造成的损失。机器学习和人工智能技术能够对设备运行数据进行实时监测和分析，并提供故障诊断建议。当设备出现异常情况时，智能系统能够及时发出预警并提供可能的故障原因和解决方案。运维人员可以根据系统提供的诊断建议，快速准确地定位故障，并采取相应的修复措施，缩短故障处理时间，提高设备的可靠性和运行效率。通过对大量设备运行数据的学习和分析，智能系统能够不断优化预测模型，提高对设备故障的预测能力和诊断精度。同时，结合实际运维经验和专业知识，不断改进算法和模型，使其更加贴近实际运行情况，为设备运维管理提供更加可靠的支持。

（二）自动控制系统

1. 先进控制算法

自适应控制算法能够根据系统动态特性和外部环境变化，实时调整控制参数，使系统能够适应不同工况和负载变化。在船舶动力系统中，自适应控制算法能够根据主机和辅助机械的实际运行情况，动态调整燃油供给、发动机转速等参数，以实现最佳的燃烧效率和动力输出，从而提高船舶的燃油利用率和运行效率。

模糊控制算法能够处理不确定性和模糊性问题，根据模糊规则进行逻辑推理和决策。在船舶动力系统中，模糊控制算法能够根据船舶的运行状态和性能要求，自动调节主机和辅助机械的运行参数，以实现系统的稳定性和安全性。例如，在船舶航行过程中，模糊控制算法可以根据海况和船速要求，自动调节主机功率的输出和航速，保持船舶的稳定性和舒适性。

神经网络控制算法能够通过学习和训练，建立系统的非线性映射关系，实现复杂系统的高精度控制。在船舶动力系统中，神经网络控制算法可以利用大量的运行数据进行训练，建立主机和辅助机械的运行模型，实现对系统的精准控制和优化。通过神经网络控制算法，船舶可以实现更加智能化的运行，提高能源利用效率和环境友好性。

2. 综合自动化系统

将船舶的各个自动化系统集成到一个平台上，实现统一的监控和管理，是提高船舶整体性能和效率的重要举措。通过整合各个系统，包括动力系统、导航系统、通信系统等，船舶可以实现全面的监控、智能化的决策和精准的控制，从而提高船舶的安全性、可靠性和经济性。集成各个自动化系统到一个平台上可以实现统一的监控和管理。船舶上的各种设备和系统通常由不同的供应商提供，采用不同的通信协议和数据格式，会导致"数据孤岛"和信息碎片化。通过将这些系统集成到一个统一的平台上，船员可以通过一个界面实时监控船舶的各个方面，包括动力系统的运行状态、航行路径、气象条件等，提高了监控的全面性和实时性。

集成后的系统可以实现智能化的决策和控制。通过在集成平台上应用先进的数据分析和人工智能算法，船舶可以对各种运行数据进行实时分析和预测，发现潜在问题并采取相应的措施。例如，基于船舶的历史数据和实时气象信息，可以预测航线上可能遇到的气象条件，并作出相应的航行调整，提高船舶的安全性和航行效率。集成平台可以实现精准的控制和优化。通过集成各个系统，船舶可以实现对船舶动力系统、舵机系统、通信系统等的精准控制和协调运行。例如，在动力系统方面，集成平台可以实时监测发动机的运行状态和负载情况，自动调整燃油供给和发动机转速，以提高燃油利用率和动力输出。

3. 闭环控制系统

实时反馈数据可以提供系统当前状态的准确描述。这些数据可以包括温度、压力、流量、振动等各种参数，通过传感器实时采集并传输给控制系统。控制系统根据这些数据了解系统的工作状态，有助于及时发现问题并作出相应调整。基于实时反馈数据，控制系统可以自动调整控制参数以优化系统运行。通过先进的控制算法和智能调节机制，控制系统可以根据实时数据不断优化控制参数，使系统运行在最佳工作点附近。例如，在压缩机系统中，根据实时监测到的压力变化，控制系统可以自动调整压缩机的启停频率和工作负载，以保持系统压力稳定在设定范围内。

实时反馈数据的应用可以提高系统的稳定性和可靠性。通过不断监测和调整控制参数，系统可以迅速响应外部环境变化和内部故障，并采取适当的措施进行调整，以确保系统始终处于最佳工作状态。这有助于减少系统因外部干扰或内部故障而导致的不稳定性和故障发生率，从而提高系统的可靠性和稳定性。

（三）设备升级与优化

1. 高效设备

采用最新的高效设备和材料是提高能效和性能的重要举措之一，在船舶领域尤其如此。高效螺旋桨和节能涂料等先进技术的应用，不仅可以降低能源消耗，还能提高船舶的运行效率和环境友好性。

高效螺旋桨的采用可以大幅提高船舶的推进效率。相比传统螺旋桨，高效螺旋桨采用了更先进的设计和制造工艺，能够减小水动力阻力和波浪阻力，提高推进效率，从而降低燃油消耗和排放。这种技术的应用不仅可以降低船舶运营成本，还可以减少对环境的负面影响，实现更加可持续的航行。节能涂料的使用可以有效减少船体的阻力和摩擦，进而提高船舶的航行效率。节能涂料具有降低表面粗糙度、减少海藻和生物附着、减少水流阻力等特点，能够有效降低船体与海水的摩擦力，从而减少能源消耗，延长船舶的航行距离，提高运输效率。此外，节能涂料的应用还可以减少船舶的维护成本和频率，降低船体的腐蚀和磨损，延长船舶的使用寿命。

2. 优化设计

优化设计是提高设备运行性能的关键之一，在船舶领域尤为重要。通过减少船体的摩擦和阻力，可以降低能源消耗，提高设备的效率和可靠性，从而实现更加经济、环保和可持续的运营。

优化设计可以减少设备的摩擦损失。在船舶的机械系统中，摩擦是造成能量损失和部件磨损的主要原因之一。通过采用先进的润滑技术、表面处理技术和材料工艺，可以降低部件之间的摩擦系数，减少能源损耗和设备磨损，提高系统的效率和可靠性。优化设计可以减少设备运行时的阻力。船舶在航行过程中会受到水流和空气流的阻力影响，从而影响船体的航行速度和燃油消耗。通过优化船体外形设计、船体表面处理和船体结构设计，可以减小船体的湿面积和湿面积系数，降低水动力和空气动力的阻力，从而提高船舶的航行速度和燃油效率。优化设计还可以提高设备的整体性能和可靠性。通过采用先进的 CAD/CAM 技术、仿真分析技术和工程优化方法，可以优化设备的结构设计、布局设计和工艺设计，提高设备的强度、刚度和稳定性，降低设备的故障率和维护成本，延长设备的使用寿命。

3. 智能维护

预测性维护技术是一种基于数据分析和先进算法的维护策略，旨在通过实时监测和分析设备数据，提前发现设备潜在的故障迹象，以预防性维修的方式来减少停机时间和维护成本。预测性维护技术通过实时监测设备的运行状态和性能参数，采集大量数据并进行实时分析。这些数据可以包括设备的振动、温度、压力、流量等多个方面的指标，通过传感器网络实时采集并传输到数据中心进行处理。

通过应用机器学习、数据挖掘和统计分析等技术，对采集的数据进行深入分析和模式识别，识别出设备可能存在的故障模式和异常行为。这些异常行为可能表现为特定的数据模式或趋势变化，如振动频率异常、温度升高等。

一旦发现设备存在潜在问题或异常情况，预测性维护系统会自动发出警报，并提供相应的维修建议和优先级排序。维修人员可以根据系统提供的信息，及时采取预防性维修措施，对设备进行检修和维护，以防止潜在故障的发生，减少停机时间和生产损失。预测性维护技术还可以通过优化设备运行参数和维护计划，提高设备的可靠性和效率，延长设备的使用寿命。通过实时监测和分析设备数据，不仅可以预测设备可能出现的故障，还可以识别出设备的运行瓶颈和性能优化点，为设备的持续改进和优化提供数据支持和指导。

第 5 章

智能维护与故障诊断

智能维护技术概述

船舶智能维护技术是现代海事工业中提高运营效率、降低成本、增强安全性的重要手段。它结合传感器技术、大数据分析、人工智能等先进技术，实现对船舶设备的实时监测、预测性维护和优化管理。

一、船舶智能维护技术的核心组件

（一）实时监测系统

1. 传感器网络

在保障船舶安全和提高运营效率方面，技术的应用起着至关重要的作用。其中，通过在船舶的主机、辅机、推进系统、导航设备等关键部位安装温度、振动、压力、油耗等传感器，实时采集运行数据，是一种重要的技术手段。这些传感器可以全面监测船舶各项关键参数，从而提供数据支持，帮助船舶管理人员及时了解船舶运行状态，发现潜在问题，采取相应措施，确保船舶的安全和顺利运行。

船舶在长时间航行过程中，可能面临各种气候和海况的挑战，及时监测温度变化，可以帮助船员做好应对措施，避免因温度过高而引发安全事故。通过监测设备的振动频率和振幅，可以判断设备是否正常运行。异常的振动往往是设备故障或机械问题的先兆，及时发现并处理异常振动，可以避免设备进一步损坏，确保船舶安全运行。压力传感器能够监测船舶系统的压力变化，如燃油系统、水压系统等。通过实时监测压力数据，船舶管理人员可以了解系统是否正常运行，是否存在压力异常的情况。这有助于船员及时发现管道泄漏、压力失控等问题，避免设备损坏或安全事故的发生。船舶在航行过程中需要大量燃油作为动力源，及时监测油耗情况可以帮助船舶管理人员合理规划燃油使用，优化航行路线和速度，降低燃油成本，提高经济效益。

2. 无线通信

船舶在广阔的海洋上航行，通常远离陆地通信网络，传统的通信手段难以覆盖。这时，卫星通信技术通过中继卫星实现全球范围内的通信，确保船舶无论航行至何处，都能保持与岸基管理中心的实时数据传输。卫星通信的高带宽和稳定性，使得大量的传感器数据、导航信息和船舶状态可以迅速传输到岸基系统，帮助管理人员实时监控船舶的运行状态，及时作出决策。现代港口和近海航线通常覆盖有无线网络，可以通过无线网络进行高速数据传输。无线网络的应用，不仅提高了数据传输的速度，还降低了通信成本。在船舶靠港期间，数据传输需求大大增加，通过无线网络技术，可以高效地传输大量数据，如货物清单、船员信息、设备运行状况等，帮助管理人员迅速掌握船舶的详细情况，同时进行有效的管理和调度。

通过卫星通信和无线网络的结合，船舶数据传输的实时性和完整性得到了充分保障。实时数据传输使得船舶管理系统可以全面、及时地监控船舶运行状态，确保设备的正常运作，及时发现和处理潜在问题。例如，当船舶的主机或辅机出现异常时，传感器采集的数据通过卫星通信或无线网络立即传输到岸基管理中心，技术人员可以远程诊断问题，并指导船员进行维修，避免设备故障导致的航行中断和安全事故。通过实时采集和传输船舶的燃油消耗、航速、航线等数据，管理人员可以进行大数据分析，优化航行路线和速度，降低燃油成本，提高经济效益。卫星通信和无线网络技术的应用，使得这种数据传输和分析过程变得高效、便捷，大大提高了船舶运营的智能化水平。

3. 大数据平台

大数据平台为船舶数据的集中存储和管理提供了坚实的基础。船舶在航行过程中，通过安装在主机、辅机、推进系统、导航设备等关键部位的温度、振动、压力、油耗等传感器，实时采集运行数据。这些数据通过卫星通信和无线网络技术，迅速传输至大数据平台进行集中存储和管理。大数据平台具备强大的存储能力和可靠的安全机制，能够接收和存储来自全球各地船舶的海量数据，确保数据的完整性和安全性。这种集中存储方式不仅有助于数据的长期保存和管理，还为后续的数据处理和分析奠定了基础。云计算具有强大的计算能力和灵活的资源调度能力，可以快速处理和分析海量数据。通过将数据上传至云平台，航运企业可以利用云计算技术对数据进行多维度的分析和挖掘。例如，通过分析船舶的燃油消耗数据，可以找出最佳的航行速度和路线，从而降低燃油成本，提升经济效益。云计算还可以对船舶设备的运行数据进行深度分析，提前预测可能出现的故障，制订合理的维护计划，避免突发故障造成的停航和损失。

在提高运营效率方面，数据集中存储和云计算分析的结合具有显著优势。通过大数据平台，航运企业可以实时获取各船舶的运行状态和历史数据，进行全局监控和管理。云计算技术的应用，使得数据分析过程更加高效和智能。管理人员可以通过数据分析，优化船舶调度和运营策略，提高整体运营效率。例如，根据各船舶的实时位置和航行状况，调整航行计划，避免航线拥堵，缩短运输时间，提高货物运输效率。

在保障船舶安全方面，大数据和云计算技术同样具有重要意义。通过实时数据监测和分析，航运企业可以及时发现和处理船舶的安全隐患，防止设备故障引发安全事故。云计算可以对船舶的实时监测数据进行快速分析，识别异常情况并发出预警。例如，当某台设备的振动数据异常时，系统可以立即分析并判断其可能的故障原因，通知船员进行检查和维修，避免造成设备损坏或安全事故的发生。

（二）预测性维护

1. 健康状态评估

数据采集是船舶设备健康管理的基础。船舶在航行过程中，通过在主机、辅机、推进系统、导航设备等关键部位安装的传感器，实时采集温度、振动、压力、油耗等各类运行数据。这些数据通过卫星通信和无线网络技术传输至大数据平台进行集中存储和管理。通过云计算技术，航运企业可以对这些海量数据进行处理和分析，从而全面了解船舶设备的运行状态。数据分析的核心在于评估设备的健康状态。通过分析设备的运行数据，可以识别设备的性能变化和潜在问题。例如，通过分析主机的振动数据，可以判断其运行是否平稳。如果发现振动幅度异常增大，可能预示着机械部件的磨损或松动。类似地，通过监测温度和压力数据，可以识别冷却系统是否正常工作，是否存在过热或压力异常的情况。

识别潜在故障是数据分析的另一项重要功能。设备故障通常有一定的前兆，及时识别这些前兆可以防止故障的进一步恶化。通过数据分析，可以提前发现设备的异常情况，预测其可能发生的故障。例如，通过对辅机的油耗数据进行分析，可以发现油耗异常增加的原因，可能是由于燃油系统堵塞或喷油器故障。及时识别这些问题，可以防止辅机在关键时刻出现故障，影响船舶的正常运行。在识别设备潜在故障后，数据分析还可以提供具体的维护建议。基于对设备健康状态的评估和故障预测，系统可以生成维护计划，指导船员进行预防性维护。例如，如果发现推进系统的温度持续升高，系统可以建议船员检查冷却系统，清理散热器，防止过热导致的设备损坏。通过提供详细的维护建议，数据分析帮助航运企业减少紧急维修次数，降低维护成本，延长设备使用寿命。

数据分析在船舶设备健康管理中的应用，不仅提高了设备的可靠性，还为船舶运营的安全性提供了保障。通过及时发现和处理设备的潜在故障，可以避免设备在航行中突然失效，造成安全事故。例如，导航设备的故障可能导致船舶失去方向，增加航行风险。通过实时监测和数据分析，可以确保导航设备始终处于良好状态，保障船舶安全航行。数据分析在优化设备维护策略方面也具有重要作用。传统的维护策略往往依赖固定的时间间隔，可能导致过度维护或维护不足。通过数据分析，航运企业可以根据设备的实际运行状态，制订更加科学合理的维护计划。例如，对于使用频率较高的设备，可以增加维护频率；而对于运行状况良好的设备，可以延长维护周期。这种基于数据分析的维护策略，可以有效降低维护成本，提高经济效益。

2. 剩余寿命预测

设备数据的实时采集是寿命预测的基础。船舶在运行过程中，通过在主机、辅机、推进系统、导航设备等关键部位安装传感器，实时采集温度、振动、压力、油耗等运行数据。这些数据通过无线通信技术传输到大数据平台进行集中存储和管理。通过云计算技术，航运企业可以对这些海量数据进行处理和分析，为寿命预测提供可靠的数据支持。算法在设备寿命预测中发挥着核心作用。通过对历史数据和实时数据的综合分析，算法可以识别设备的运行模式和性能变化趋势。常用的算法包括机器学习模型、神经网络、时间序列分析等。这些算法通过学习设备的正常运行状态和故障特征，可以准确预测设备的剩余使用寿命。例如，通过对主机振动数据的分析，算法可以识别振动频率和幅度的变化，预测主机可能发生故障的时间。

设备寿命预测的关键在于优化维护计划。传统的维护策略往往依赖固定的时间间隔，这种方法容易导致过度维护或维护不足。通过寿命预测，航运企业可以根据设备的实际运行状态，制订更加科学合理的维护计划。具体来说，对于预计寿命较短的设备，可以提前安排检查和维护，避免其在关键时刻突然故障。对于运行状况良好的设备，则可以延长维护周期，降低维护成本。例如，通过对辅机油耗数据的分析，预测其喷油器的使用寿命，企业可以在喷油器即将失效前进行更换，避免因喷油器故障导致停机和损失。寿命预测不仅提高了设备的可靠性，还显著提高了船舶的运营效率和安全性。通过提前识别和处理潜在故障，航运企业可以避免设备在航行中突然失效，造成航行中断或安全事故。例如，推进系统的故障可能导致船舶失去动力，增加航行风险。通过寿命预测，可以确保推进系统始终处于良好状态，保障船舶安全航行。

寿命预测在延长设备使用寿命方面也具有重要意义。通过对设备运行数据的持续监测和分析，算法可以识别设备的老化趋势和磨损情况，帮助企业采取有效的维护措施，延缓设备的老化过程。例如，通过对冷却系统温度数据的分析，预测冷却器的使用寿命，可以在冷却器磨损前进行清洗和维护，延长其使用寿命，减少设备更换频率。寿命预测技术在航运业中的应用前景非常广阔。随着人工智能和大数据技术的不断发展，算法的预测精度和可靠性将进一步提高，为航运企业提供更加精准的决策支持。未来，寿命预测技术将与船舶自动化系统深度融合，实现设备的自我诊断和自我维护，进一步提高船舶的智能化水平。

（三）远程诊断与支持

1. 远程监控系统

远程监控平台通过在船舶关键设备上安装传感器，实时采集设备的运行数据。这些传感器可以监测温度、振动、压力、油耗等多个指标，全面了解设备的运行状态。通过卫星通信和无线网络技术，这些数据可以传输至岸基监控中心，实现远程监控。远程监控平台利用数据分析技术，对船舶设备的运行数据进行实时分析和处理。通过机器学习算法、神经网络模型等技术，可以识别设备运行中的异常情况，并发出预警信号。例如，如果发现主机振动异常，可能预示着主机轴承出现问题；如果发现辅机油耗异常增加，可能表示燃油系统存在泄漏或堵塞。这些预警信息可以及时通知船舶管理人员，并采取相应的措施，防止设备故障进一步恶化。

远程监控平台还具备远程故障诊断功能。当设备出现故障时，船舶管理人员可以通过远程监控平台进行远程诊断，快速确定故障原因并制定应对措施。远程监控平台可以提供设备的实时影像和数据，辅助管理人员进行故障诊断。例如，当主机出现故障时，船舶管理人员可以通过远程监控平台观察主机的实时运行情况，并与岸基专家进行远程沟通，共同分析和解决故障。远程监控平台的应用极大地提高了船舶设备的运行效率和安全性。首先，通过实时监控船舶设备的运行状态，可以及时发现和处理潜在故障，避免设备在航行中突然发生故障，影响航行安全。其次，远程监控平台可以实现对船舶设备的全面监控，提前预防设备故障，减少停船和维修次数，提高船舶的运行效率和经济效益。

远程监控平台还为船舶运营提供了便利和灵活性。船舶管理人员可以随时随地通过网络访问远程监控平台，实时了解船舶设备的运行状态，进行远程诊断和决策。这种远程监控和管理模式，不仅提高了船舶管理的效率，还降低了管理成本，提升了航运企业的竞争力。

2. 增强现实（AR）技术

增强现实技术能够在实时场景中叠加虚拟信息，为维修人员提供直观的操作指引。通过戴上增强现实头盔或使用增强现实设备，维修人员可以将虚拟的操作步骤、工具示意图等信息叠加在现实场景中，形成一个与真实设备完全一致的虚拟模型。例如，当维修人员需要更换某个设备的零部件时，增强现实技术可以在其眼前显示出该零部件的位置、拆卸步骤以及所需工具，从而帮助维修人员准确、快速地完成维修任务。增强现实技术可以提供多样化的操作指引形式，适应不同维修场景和需求。维修人员可以根据具体情况选择合适的操作指引模式，包括三维模型展示、动态演示、语音提示等形式。例如，在更换设备零部件时，维修人员可以通过增强现实技术观看零部件的三维模型，并随时调整视角，以便更好地了解零部件的结构和拆卸步骤；同时，系统还可以提供动态演示，模拟零部件的拆卸过程，为维修人员提供直观的操作指引。

增强现实技术还可以结合智能化系统，实现自动识别和分析，进一步提高维修效率和准确性。通过智能识别算法，系统可以自动识别出设备的型号、故障类型以及维修所需的零部件，从而为维修人员提供更加精准的操作指引。例如，当维修人员指向设备时，系统可以自动识别设备型号，并根据其历史维修记录和当前故障症状，提供相应的维修方案和操作步骤，大大降低了人为判断的误差和风险。在实际应用中，利用增强现实技术提供操作指引，不仅提高了船舶维修的效率和准确性，还降低了人力成本和培训成本。维修人员无须花费大量时间和精力研究复杂的维修手册或培训资料，只需通过简单的操作，即可快速掌握维修技能和方法。同时，增强现实技术还能够实现远程协作和知识共享，将远程专家的知识和经验直接传输给现场维修人员，进一步提高了维修效率和准确性。

二、船舶智能维护技术的应用场景

（一）主推进系统

1. 主机与辅机维护

船舶的主机和辅机是船舶正常运行的关键部件，其性能状态直接影响着船舶的安全性、经济性和环保性。为了确保船舶的高效运行，对主机和辅机的关键部件进行实时监测显得尤为重要。主机和辅机的燃油系统是船舶能源供应的关键部分。通过实时监测燃油系统的压力、流量、温度等参数，可以及时发现燃油泄漏、堵塞、过热等问题，确保燃油系统的正常运行。例如，通过监测燃油管道的压力变化，可以及时发现燃油泄漏的位置和严重程度，避免因燃油泄漏而导致的安全隐患和环境污染。

船舶的冷却系统对于主机和辅机的正常运行至关重要。通过实时监测冷却系统的温度、流量、压力等参数，可以及时发现冷却系统冷却水泄漏、水垢堵塞、冷却液浓度不足等问题，确保冷却系统的高效运行。例如，通过监测冷却水的温度和流量变化，可以判断冷却系统是否存在堵塞或漏水问题，并及时采取措施进行清洗和修复，避免因冷却系统故障而导致设备过热和损坏。船舶的润滑系统对于主机和辅机的正常运行也至关重要。通过实时监测润滑系统的油压、油温、油质等参数，可以及时发现润滑油泄漏、油品污染、润滑油过度消耗等问题，确保润滑系统的正常润滑和保护作用。例如，通过监测主机轴承的油压和油温变化，可以判断轴承的润滑情况是否良好，避免因润滑不足而导致轴承磨损和故障。

2. 轴系与螺旋桨监测

轴系振动监测是预防性维护的关键环节之一。船舶轴系是船舶主要动力传递部件之一，其稳定运行直接影响着船舶的航行性能和安全性。通过安装振动传感器，可以实时监测轴系的振动情况。一旦发现轴系振动异常，可能预示着轴系轴承、轴线不平衡等问题的存在。通过及时发现并定位异常，船舶管理人员可以采取相应的调整和维修措施，避免轴系振动导致的设备损坏和船舶安全事故。螺旋桨状态的监测也是预防性维护的重要内容之一。船舶螺旋桨是船舶推进的关键部件，其状态直接影响着船舶的航行效率和能耗。通过安装螺旋桨状态监测装置，可以实时监测螺旋桨的转速、叶片角度、螺旋桨表面磨损情况等参数。一旦发现螺旋桨状态异常，可能预示着螺旋桨叶片损坏、螺旋桨轴承磨损等问题的存在。通过及时发现并诊断异常，船舶管理人员可以采取相应的维修或更换措施，避免螺旋桨故障导致船舶动力下降和航行安全隐患。

通过实时监测轴系振动和螺旋桨状态，船舶管理人员可以实现预防性维护，有效降低船舶设备的故障率和维修成本，提高船舶运营的安全性和经济性。预防性维护不仅可以减少船舶因故障导致的停船损失和维修成本，还可以延长船舶设备的使用寿命，提升船舶的市场竞争力。因此，船舶管理人员应重视轴系振动和螺旋桨状态的监测工作，建立健全的预防性维护体系，确保船舶设备的稳定运行和长期可靠性。

（二）电气与导航系统

1. 电力系统监测

船舶的电力系统是船舶正常运行的重要支撑，其稳定性直接关系到船舶的安全性和航行效率。通过实时监控船舶发电机、电力分配系统等设备的运行状态，可以及时发现问题并采取措施，确保电力系统的稳定运行。

对船舶发电机的实时监控是保障电力系统稳定性的关键环节之一。船舶发电机是船舶主要的电力来源，其运行状态直接影响着船舶的电力供应和使用。通过安装监控装置，可以实时监测发电机的电压、电流、频率等参数。一旦发现发电机运行异常，如电压不稳、电流过大等情况，可能预示着发电机内部故障或外部负载过载等问题的存在。通过及时发现并处理异常情况，可以避免因发电机故障而导致船舶停电和安全事故。对船舶电力分配系统的实时监控也是确保电力系统稳定性的重要手段。船舶电力分配系统负责将发电机产生的电能分配给船舶各个电气设备，其运行状态直接影响着船舶电力供应的均衡性和可靠性。通过监控电力分配系统的电压、电流、开关状态等参数，可以实时了解电力系统的运行情况。一旦发现电力分配系统存在过载、短路、接触不良等问题，可能导致船舶某些区域或设备的停电，严重影响船舶的正常运行。因此，通过实时监控电力分配系统的运行状态，可以及时发现并排除故障，确保船舶电力系统的稳定供电。

通过实时监控船舶发电机、电力分配系统等设备的运行状态，船舶管理人员可以做到及时发现问题、及时处理，并采取相应的维护和修复措施，确保船舶电力系统的稳定运行。这不仅可以提高船舶的运行效率和安全性，还可以减少船舶因电力故障导致的停船损失和维修成本，为船舶运营提供可靠的技术支持。随着技术的不断进步和船舶管理水平的提高，相信实时监控船舶电力系统将在航运业中发挥越来越重要的作用，推动船舶电力系统向着智能化、高效化和安全化的方向发展。

2. 导航设备维护

导航设备的正常运行对船舶的航行安全至关重要。雷达、自动识别系统（AIS）、电子海图显示与信息系统（ECDIS）等导航设备的监测和维护，是确保航行安全的重要措施之一。

雷达是船舶导航中不可或缺的设备之一，其能够探测周围的目标和障碍物，帮助船舶避免碰撞和触礁等危险情况。通过实时监测雷达的工作状态和性能参数，船舶管理人员可以及时发现雷达天线故障、信号干扰、显示屏故障等问题，并采取相应的维护和修复措施，确保雷达的正常运行。AIS 是船舶间和船舶与岸基机构之间进行自动识别和通信的关键系统。通过监测 AIS 的信号接收和发送情况，可以确保船舶的位置和航行状态信息能够及时、准确地传输和接收，避免因 AIS 系统故障而导致的船舶位置不明、碰撞危险等情况发生。ECDIS 是船舶上最主要的导航设备之一，能够清晰地显示航行路线、水深、航标等信息，并提供航行安全警告和预警。通过监测 ECDIS 的电源供应、软件运行、数据更新等情况，可以确保 ECDIS 系统的正常运行，并提供准确、可靠的导航信息，帮助船舶安全航行。

（三）船体结构与附属设备

1. 船体结构监测

船体结构的完整性对船舶的安全和性能至关重要。为了及时发现并解决船体结构的潜在问题，船舶管理人员采用了各种先进技术，其中包括超声波和红外线技术，这些技术可以高效地识别裂纹、腐蚀等潜在问题。

超声波技术是一种非破坏性的检测方法，通过将超声波引入材料中并分析反射信号，可以确定船体结构中存在的缺陷和异常。例如，当超声波遇到船体表面的裂纹或腐蚀区域时，会发生信号的反射或衰减，通过分析这些信号的特征，可以确定缺陷的位置、形状和大小。船舶管理人员可以利用超声波技术对船体结构进行全面扫描和检测，及时发现并处理裂纹、腐蚀等问题，保障船舶结构的完整性和安全性。红外线技术是一种通过检测物体表面的红外辐射来识别物体温度和结构的技术。船舶管理人员可以利用红外线摄像机对船体表面进行扫描，通过观察和分析不同区域的温度分布，可以发现船体结构中存在的异常情况，如漏水、局部过热等。红外线技术具有快速、无损、远距离等优点，可以在船舶运行过程中随时进行监测，帮助船舶管理人员及时发现和解决潜在问题，确保船舶的安全航行。

2. 附属设备维护

船舶的附属设备如锚机、舱口盖、救生设备等在船舶运行中扮演着至关重要的角色。为了确保这些设备在关键时刻的可靠性，船舶管理人员采用了智能监测与维护技术，通过实时监测和预测性维护，保障船舶附属设备的正常运行。

对锚机的智能监测与维护是船舶安全航行的关键之一。锚机是船舶靠泊和停泊时的重要设备，其正常运行直接影响着船舶的停靠安全和稳定性。通过安装传感器和监控装置，船舶管理人员可以实时监测锚机的运行状态、电力供应、润滑情况等参数。一旦发现锚机存在异常情况，如润滑油压力过低、电力供应不稳定等问题，可以及时采取维护措施，确保锚机在关键时刻的可靠性。舱口盖是船舶货物装卸和舱内通风的重要设备，其密封性和稳定性直接影响着船舶货物和船员的安全。通过安装智能监测系统，船舶管理人员可以实时监测舱口盖的关闭状态、密封性能、开启力矩等参数。一旦发现舱口盖存在异常情况，如密封不严、开启力矩过大等问题，可以及时进行调整和维修，确保舱口盖在货物装卸和舱内通风时的安全性和可靠性。救生设备是船舶应急情况下的重要保障，其正常运行直接关系到船舶船员和乘客的生命安全。通过安装智能监测装置，船舶管理人员可以实时监测救生设备的存放位置、状态、有效性等参数。一旦发现救生设备存在异常情况，如损坏、丢失等问题，可以及时进行更换和补充，确保在关键时刻提供可靠的救生保障。

故障诊断系统及应用案例

船舶故障诊断系统是智能维护技术的核心组成部分，其作用不仅在于及时发现设备故障，还在于提供全面的解决方案，从而确保船舶设备的可靠运行和船舶安全。通过实时监测船舶各个关键部位的运行数据，如主机、辅机、推进系统等，系统能够迅速识别出潜在的故障迹象，并通过数据分析和模式识别，确定可能的故障原因。不仅如此，船舶故障诊断系统还具备自学习能力，能够根据历史数据和实时反馈不断优化诊断算法，提高诊断的准确性和效率。同时，系统还可以结合船舶的运行情况和维修历史，为船员提供有针对性的维修建议，包括维修时机、方法和所需备件等，最大限度地减少维修时间和成本，确保船舶的持续运营。

随着人工智能和大数据技术的不断发展，船舶故障诊断系统将会变得更加智能化和精准化。未来，它将不仅局限于故障诊断，还会与船舶自动化技术相结合，实现对船舶设备的自主管理和优化调整，为船舶运营提供更加全面和智能的支持。综上所述，船舶故障诊断系统的发展将成为智能维护技术领域的重要趋势，为船舶安全和运营效率注入新的动力。

一、故障诊断系统的组成

（一）数据采集模块

数据采集模块通过实时监测温度数据，可以及时发现设备是否过热或过冷，从而避免设备故障或火灾等安全事故的发生。船舶上的发动机、润滑系统和冷却系统等关键设备，都需要保持适当的温度才能正常运行，而数据采集模块的存在，可以确保这些设备始终处于安全的温度范围内。数据采集模块监测压力数据的变化，可以及时发现是否存在压力异常或泄漏等问题。在船舶上，液压系统、气压系统和管道系统等都需要保持稳定的压力才能正常运行，而压力异常可能会导致设备故障或系统瘫痪，对船舶安全造成严重威胁。数据采集模块还监测振动和电流等参数的变化，以判断设备是否运行平稳和电气设备是否存在故障。振动数据可以帮助船员判断设备是否存在磨损或松动等问题，而电流数据则可以用于监测电气设备的运行状态，从而发现电气故障和线路问题。

（二）数据处理与分析模块

数据处理与分析模块可以通过对采集到的数据进行实时处理和分析，快速准确地识别出设备的运行状态。通过建立设备的运行模型和算法，系统可以实时监测设备的运行参数，并对其进行分析和评估，从而判断设备是否处于正常运行状态。例如，系统可以通过分析温度、压力、振动等参数的变化趋势，判断设备是否存在异常情况，提前发现潜在的故障风险。

数据处理与分析模块可以利用数据挖掘技术和机器学习算法，对大量的历史数据进行深度分析，从中挖掘出隐藏的规律和趋势。通过建立预测模型和故障诊断模型，系统可以预测设备未来的运行状态和故障可能性，为船舶管理人员提供及时的预警和决策支持。例如，系统可以通过分析历史数据，识别出设备故障的特征模式，从而预测设备可能发生的故障类型和时间，帮助船舶管理人员制订合理的维护计划和应急预案。数据处理与分析模块还可以为船舶管理人员提供数据可视化和报表分析功能，直观展示设备的运行状态和趋势，帮助船舶管理人员更好地了解和掌握船舶的运营情况，及时调整和优化运营策略。

（三）异常检测与警报模块

异常检测与警报模块通过实时监测和分析采集到的数据，识别设备是否处于正常运行状态。该模块根据设备的运行参数和历史数据，建立异常检测模型和规则，以判断设备是否存在异常情况。例如，通过监测温度、压力、振动等参数的变化趋势，系统可以识别出设备是否存在过热、压力异常或振动过大等异常现象，从而及时预警并采取相应的措施。

异常检测与警报模块在发现设备异常时，能够及时触发警报，通知相关人员进行处理。系统可以通过各种方式发出警报信息，如声音报警、文字消息、邮件通知等，以确保相关人员能够及时接收到警报并采取相应的行动。例如，船舶上的船员、工程师或管理人员可以通过船舶的监控系统或移动设备接收到警报信息，及时处理异常情况，避免事故的发生。异常检测与警报模块还可以根据设备异常的严重程度和紧急程度，自动触发不同级别的警报。例如，对于一些较为严重的设备故障或安全风险，系统可以发出紧急警报，并自动通知船舶上的紧急处理团队进行应急处理；而对于一些较为轻微的设备异常，系统可以发出普通警报，提醒相关人员进行日常维护和检修。

（四）故障诊断与分类模块

故障诊断与分类模块是船舶智能维护系统的核心组成部分，它承担着识别和分析船舶设备故障的重要任务，为船舶维护人员提供准确的故障诊断和优先级排序，从而实现对船舶设备故障的快速响应和高效处理。故障诊断与分类模块根据异常情况和故障特征，利用先进的数据挖掘技术和机器学习算法，对可能发生的故障原因进行推断和诊断。通过分析设备的运行数据和历史故障数据，系统可以识别出设备的异常模式和故障特征，从而推断可能发生的故障原因。例如，通过分析温度、压力、振动等参数的变化趋势，系统可以识别出设备是否存在过热、压力异常或振动过大等故障特征，从而确定可能的故障原因。

故障诊断与分类模块对故障进行分类和优先级排序，以确定处理的紧急程度和优先顺序。系统可以根据故障的类型、严重程度和影响范围等因素，对故障进行分类和评估，并确定优先级。例如，对于一些严重的设备故障或安全风险，系统可以将其优先级提高，并及时通知相关人员进行处理；而对于一些较为轻微的设备异常，系统可以将其优先级降低，等待适当的时间进行处理。故障诊断与分类模块还可以为船舶维护人员提供故障诊断报告和处理建议。系统可以生成详细的故障诊断报告，包括故障的原因、影响和处理建议等信息，帮助维护人员快速准确地定位和解决故障，并采取相应的维修措施，确保船舶设备的安全运行。

（五）维修建议与预测维护模块

维修建议与预测维护模块根据设备的运行状态和故障诊断结果，提供有针对性的维修建议。系统可以根据设备的故障类型、严重程度和影响范围等因素，确定维修时机和方式，并提供相应的维修建议。例如，对于一些较为严重的设备故障或安全风险，系统可以建议立即停船进行维修；而对于一些较为轻微的设备异常，系统可以建议延迟维修，等待适当的时机进行处理，以减少停船时间和维修成本。维修建议与预测维护模块基于历史数据和算法模型，预测设备的剩余寿命，并提供预测性维护建议。系统可以通过分析设备的运行数据和历史故障数据，建立设备的寿命预测模型，预测设备可能发生的故障类型和时间，从而提前发现并预防设备故障的发生。例如，系统可以根据设备的运行情况和使用条件，预测设备的剩余寿命，并提供相应的维护建议，包括定期检查、更换易损部件等，以延长设备的使用寿命，降低维修成本。

（六）远程监控与支持模块

远程监控与支持模块通过集成远程监控平台，为船舶管理人员提供实时监控界面和报警功能。船舶上的各个设备和系统的监测数据可以通过远程监控平台传输到岸基的监控中心，船舶管理人员可以通过该平台随时随地监测设备的运行状态和性能参数。一旦发现设备出现异常情况或故障预警，系统会立即触发报警功能，及时通知相关人员进行处理，以避免事故的发生，确保船舶的安全运行。远程监控与支持模块可以将故障报告发送给岸基专家，以获得更深入的支持和建议。当船舶上发生设备故障或异常情况时，系统可以自动将故障报告发送给岸基专家，专家可以通过远程监控平台查看设备的运行数据和故障信息，并提供相应的支持和建议。例如，专家可以根据设备的故障特征和历史数据分析，诊断故障的原因并提供解决方案，帮助船舶管理人员快速解决问题，保障船舶的安全运行。

二、应用案例

案例一：主机故障诊断

（一）案例描述

某船舶的主机在运行过程中出现异常振动和温度升高现象。

（二）实施步骤

1. 数据采集

传感器实时采集并监测主机振动和温度数据，这是一项基于物联网技术的重要任务，旨在实现对船舶主机运行状态的实时监控和数据收集。传感器的部署涉及传感器节点的布置、数据采集频率的设置以及数据传输通道的建立等技术细节。

2. 数据分析

利用人工智能（AI）算法对历史数据和实时数据进行分析，是一项复杂的数据处理过程。这包括数据的清洗、特征提取、模式识别等步骤。AI 算法能够通过学习历史数据，识别出异常振动模式和温度升高的原因，从而为故障诊断提供支持。

3. 故障诊断

故障诊断是在数据分析的基础上进行的。通过对异常振动和温度升高的分析，可以得出可能是主机内部轴承磨损或润滑系统故障等问题。这需要船舶工程师和技术专家具备深入的领域知识和经验，以确保诊断的准确性和可靠性。

4. 远程支持

远程监控平台是现代船舶运营的重要工具之一。通过该平台，岸基技术专家可以远程连接到船舶系统，与船员进行实时沟通，并提供指导和支持。

这种远程支持方式有效缩短了故障排除的时间，提高了维修效率。

5. 问题解决

船员根据岸基技术专家的建议，对润滑系统进行了检查，并发现了润滑油不足的问题。随后，船员进行了补充和系统清洗等操作，最终使得主机的振动和温度恢复正常。这一过程涉及船员的专业技能和操作经验，以及对船舶机械系统的深入了解。

（三）效果

主机出现潜在故障的情况凸显了智能船舶机舱自动化系统的重要性。系统及时监测并分析了主机的异常行为，并发出警报，提醒船员进行检查和维修。船员们迅速响应，凭借其故障诊断和维修技能，迅速找到并解决了故障，从而避免了更严重的设备损坏和停航。这次经历不仅提高了船员的技能水平，还为今后的船舶维护工作积累了宝贵经验。这再次证明了智能船舶机舱自动化系统在船舶运营中的重要性和价值。

案例二：电力系统故障诊断

（一）案例描述

某船舶的发电机组在运行过程中出现频繁跳闸和电压不稳现象。

（二）实施步骤

1. 数据采集

传感器对发电机组的电压、电流、温度等参数进行实时监测和数据采集，这是一项关键的信息获取过程，旨在实现对发电机组运行状态的全面监控和数据记录。传感器的部署需要考虑传感器类型的选择、布置位置的确定以及数据采集频率的调整等技术细节，以确保数据的准确性和完整性。

2. 数据分析

利用大数据分析平台对历史运行数据和实时监测数据进行比对和分析，这是一项复杂的数据处理过程。该过程涉及数据的清洗、特征提取、异常检测等步骤，以识别出导致异常跳闸和电压波动的潜在原因。通过大数据分析技术，可以发现数据之间的关联性和规律性，为故障诊断提供支持。

3. 故障诊断

故障诊断是在数据分析的基础上进行的。通过对异常数据的分析和比对，可以得出可能是发电机组内部电路接触不良或电力负载不平衡引起的故障。这需要电气工程领域的专业知识和经验，以确保诊断结果的准确性和可靠性。

4. 远程支持

通过远程监控平台，岸基电气工程师提供了及时的技术支持，针对发电机组异常情况，指导船员进行了详尽的电路检查和负载调整。在指导下，船员仔细检查了发电机组的电路连接，发现了接触不良的部分，并进行了及时修复。随后，他们根据岸基工程师的建议，对电力负载进行了调整，确保了电压的稳定和系统的正常运行。这一过程展现了远程技术支持的有效性，为船舶电气系统的维护保障了可靠性。

5. 问题解决

船员根据岸基电气工程师的建议，对发电机组电路连接进行了检查，并发现了接触不良点。随后，他们进行了修复操作，并调整了电力负载分配，最终使得发电机组的电压恢复稳定。这一过程涉及船员的专业技能和操作经验，以及对电气系统的深入了解。

（三）效果

船舶电力系统出现故障的情况凸显了智能船舶机舱自动化系统的重要性。系统快速检测到电力系统的异常，并迅速定位到故障源，为船员提供了准确的故障诊断信息。船员们依靠系统提供的指引，迅速采取了有效措施，成功解决了故障，恢复了发电机组的正常运行。这一及时的响应不仅避免了频繁跳闸对其他船舶设备的影响，还提高了船舶电力系统的可靠性和稳定性。这次经历，再次彰显了智能船舶机舱自动化系统在船舶运营中的重要作用，为船舶安全和效率提供了有力支持。

第
6
章

船舶安全与应急管理

　　船舶安全是保障海上运输顺利进行的基础。船舶在海上航行时，面临各种自然和人为的风险，包括恶劣天气、海盗袭击、设备故障和操作失误等。因此，船舶安全管理需要全面覆盖航行的各个环节，确保船舶、船员和货物的安全。例如，国际海事组织制定了《国际海上人命安全公约》（SOLAS），为船舶安全设立了严格的标准和规程，要求各国船舶遵守标准和规程，以减少海上事故的发生。

　　应急管理是船舶安全管理的重要组成部分。船舶在海上航行时，突发事件不可避免。因此，建立有效的应急预案和反应机制至关重要。应急管理包括预防、准备、响应和恢复四个阶段。预防阶段，通过定期的安全检查和维护，及时发现和消除潜在隐患；准备阶段，制订详细的应急预案，进行定期的演练和培训，提高船员的应急反应能力；响应阶段，当突发事件发生时，迅速启动应急预案，协调各方力量，采取有效措施控制事态发展；恢复阶段，在事态得到控制后，尽快恢复正常航行和运营。

智能监测与应急响应

　　智能监测与应急响应技术在船舶安全管理中发挥着重要作用，通过实时数据采集、智能分析、自动化应急措施和远程支持，提高了船舶应对突发事件的能力。

一、智能监测系统

（一）数据采集

1. 传感器网络

为了有效监测设备状态和环境参数，提高船舶安全性，船舶工程师们将各类传感器安装在船舶的关键位置，实时监测温度、压力、振动、烟雾、气体泄漏、液位等参数，从而及时发现问题并采取措施，从而保障船舶和船员的安全。

船舶机舱中的发动机、液压系统等设备在运行过程中会产生大量热量，因此需要实时监测温度，防止设备过热导致故障，甚至发生火灾。温度传感器能够及时反馈设备工作状态，确保设备处于正常工作温度范围内。船舶的许多系统，如液压系统、供油系统等，需要保持适当的压力才能正常运行。通过安装压力传感器，船员可以实时监测系统的压力变化，及时调整操作，防止因压力过高或过低而引发的安全问题。

船舶在航行过程中会受到各种外部力的影响，如海浪、风力等，这可能导致船体和设备产生振动。安装振动传感器可以监测船舶的振动情况，及时发现异常振动，预防设备故障或结构损坏。烟雾传感器可以及时发现船舶内部的火灾或烟雾情况，气体泄漏传感器可以监测船舶内气体浓度，防止气体泄漏引发安全事故，液位传感器则可以监测船舶油舱、水舱等液体的液位，确保船舶正常运行。

2. 环境监测设备

气象传感器是船舶上不可或缺的设备之一。它可以实时监测风速、风向、气温、湿度等气象参数，为船员提供准确的气象信息。例如，通过监测风速和风向，船员可以了解当前风力等级和风向变化，从而调整船舶航向和速度，确保船舶在不同气象条件下安全航行。海洋波浪传感器也是至关重要的设备之一。它可以监测海洋波浪的高度、周期、方向等参数，帮助船员了解周围海域的海况情况。对于船舶而言，特别是在恶劣天气条件下，了解海洋波浪的情况可以帮助船员选择适当的航行路线和速度，避免受到大浪的冲击和影响，确保船舶航行安全。

气象传感器和海洋波浪传感器的结合应用也可以为船舶提供更全面的环境监测信息。例如，在强风大浪的情况下，船员可以根据气象传感器监测到的风力等级和风向，结合海洋波浪传感器监测到的海况，作出相应的船舶操作和应对策略，保障船舶和船员的安全。

（二）数据传输、存储与预警

1. 无线通信

卫星通信技术在船舶通信中起到了关键作用。船舶通过卫星通信设备与卫星连接，实现了覆盖全球范围内的通信能力。这种技术使得船舶可以与岸基数据中心进行实时的数据传输，无论船舶所处位置如何，都能保持与外界的联系，及时获取和发送信息。5G技术的应用也逐渐在船舶通信中得到推广。5G技术具有高速传输、低延迟和大容量等特点，非常适合用于船舶通信领域。通过5G网络，船舶可以实现更快速的数据传输和接收，同时可以支持高清视频、实时监控等应用，提高了船舶通信的效率和质量。Wi-Fi技术作为一种局域网通信技术，在船舶内部起到了连接设备和系统的重要作用。船舶内部可以通过Wi-Fi网络实现各台设备之间的数据交换和共享，也可以连接到船舶外部的网络，实现船舶与岸基数据中心之间的实时通信。

这些技术的应用使得船舶与岸基数据中心之间的通信更加便捷高效。船舶可以实时传输航行数据、设备状态、环境信息等重要数据给岸基数据中心，岸基数据中心也可以实时向船舶发送指令、更新数据等，为船舶运行和管理提供了有力的支持。

2. 云存储

云平台数据存储实现了数据的集中管理。传统的数据存储方式往往分散在各个设备和系统中，导致数据管理和维护困难，容易出现数据不一致、冗余和丢失等问题。而云平台数据存储将数据统一存储在云端服务器上，可以通过统一的管理界面对数据进行管理，包括数据备份、归档、权限控制等，大大简化了数据管理流程，提高了管理效率。

云平台数据存储实现了数据的快速访问。云端服务器具有强大的计算和存储能力，可以实现大规模数据的快速存取和处理。用户可以通过网络随时随地访问云平台上的数据，无须受限于特定设备和地点，实现了数据的移动性和灵活性。此外，云平台还可以提供高速网络连接和弹性存储资源，确保数据的高速传输和安全存储。云平台数据存储还具有数据安全性和可靠性的优势。云平台服务商通常会采取多层次的安全措施，包括数据加密、身份认证、访问控制等，保障数据的安全性和隐私性。同时，云平台通常具有多地备份和容灾恢复能力，即使发生硬件故障或自然灾害，也能够保证数据的可靠性和持久性。

3. 预警系统

智能预警系统能够大大提高异常情况的检测效率。在传统的安全监测方法中，通常依赖人工巡检或简单的报警设备，往往存在反应不及时、漏报等问题。智能预警系统利用传感器、人工智能、大数据分析等技术手段，能够全天候、全方位地监测环境和设备状态。一旦出现异常情况，如温度过高、压力异常、气体泄漏等，系统能够在第一时间检测到，并自动生成警报，及时通知相关人员进行处理，以防止事故的发生和扩大。系统可以根据设定的参数和预警规则，自动分析和判断异常数据，避免了人为因素可能带来的疏漏和误判。同时，系统还可以通过机器学习不断优化预警模型，提高预警的准确性和可靠性。例如，在工业生产中，智能预警系统可以根据设备的运行状态和历史数据，预测设备可能的故障点，提前发出预警，避免设备突发故障对生产造成影响。

智能预警系统还具有良好的扩展性和兼容性。随着科技的发展，各种新型传感器和监测设备不断涌现，智能预警系统可以与这些设备无缝对接，形成更加全面和精准的监测网络。例如，在海上航行中，智能预警系统可以整合气象传感器、波浪传感器、卫星通信等设备的数据，实时监测船舶的航行环境和状态，一旦发现恶劣天气或其他危险情况，立即发出警报并指导船员采取应对措施。智能预警系统的建立不仅提高了安全管理的效率，还显著降低了人力和物力成本。通过自动化的监测和预警，减少了对人工巡检的依赖，降低了人为因素带来的风险，同时提高了人员的工作效率。对于企业和社会而言，智能预警系统的应用能够有效减少事故发生率，保障人员和财产安全，具有显著的经济和社会效益。

二、智能应急响应系统

（一）自动化应急设备

1. 自动灭火系统

自动喷水灭火系统是船舶上最常见的一种灭火装置。它的工作原理是通过安装在船舶各个舱室和机舱内的喷头，当火灾发生时，喷头会自动检测到烟雾或温度变化，并立即启动喷水装置，释放高压水流进行灭火。这种系统具有反应迅速、覆盖范围广、灭火效果显著等优点，能够有效控制火势的蔓延，保护船舶和船员的安全。气体灭火系统也是船舶上常见的一种灭火装置。与喷水系统相比，气体灭火系统更适用于一些对水敏感或需要保持清洁的环境，如机舱、电子设备室等。其工作原理是通过释放灭火气体，如二氧化碳、七氟丙烷等，迅速降低火源周围的氧气浓度，抑制燃烧。这种系统能够在几秒钟内启动，迅速灭火，并且不会对船舶设备和货物造成水浸损害，是一种高效、环保的灭火方式。

安装自动灭火系统在船舶上具有重要意义。首先，它能够大大提高火灾应对的速度和效率。一旦火灾发生，自动灭火系统可以立即启动，不受人为因素影响，避免了人工灭火的时间延误，保障了船舶和船员的安全。其次，自动灭火系统还可以减少火灾对船舶设备和货物的损害。喷水系统可以有效降低火源温度，减少火灾对设备和货物造成的热损伤；气体灭火系统则可以避免因喷水而导致的水浸损害，以保持货物的完好。

2. 泄漏检测与自动关闭系统

泄漏检测传感器是泄漏检测与自动关闭系统的核心组件之一。这些传感器通常安装在船舶各个关键区域，如燃油舱、化学品储存区、管道等，能够实时监测液体和气体的流动状态。一旦传感器检测到异常的流量或压力变化，就会发出警报信号，通知系统发生了泄漏。这些传感器可以采用各种技术原理，包括电化学、红外线、超声波等，具有高灵敏度和快速响应的特点，能够准确地检测出微小的泄漏，确保及时采取措施。自动关闭阀门是泄漏检测与自动关闭系统的关键执行部件。当泄漏检测传感器发出警报信号时，控制系统会立即启动关闭阀门的指令，迅速切断液体或气体的流动，防止泄漏继续扩散。关闭阀门通常采用电动或气动驱动，具有快速响应、可靠密封等特点，能够在短时间内有效地阻止泄漏，最大限度地减少损害。例如，在船舶上，一旦燃油舱或液化气储存罐发生泄漏，自动关闭阀门系统可以迅速切断油气流入管道，防止火灾或爆炸的发生。

泄漏检测与自动关闭系统在船舶上具有广泛的应用场景。首先，在油轮和化学品船等液体货运船舶上，这类系统能够有效防止石油、化学品等有害液体的泄漏，保护海洋环境和船舶设备的安全。其次，在客运船舶和邮轮上，这类系统能够保护乘客和船员的生命安全，防止火灾、气体中毒等事故的发生。此外，在海洋平台和船舶工程中，这类系统也是必不可少的安全设施，能够确保工作人员的安全和设备的完好。

（二）应急通信与协调

1. 应急通信系统

卫星电话通过卫星网络进行通信，不受地理位置和传统通信基站的限制，能够在全球范围内提供可靠的通信服务。当船舶处于远离陆地的海域时，传统的通信手段往往失效，而卫星电话则能够确保船舶与岸基指挥中心保持实时联系。例如，当船舶遇到极端天气或机械故障时，船长可以通过卫星电话迅速向指挥中心报告情况，并获得及时的指示和支援。此外，卫星电话还可以用于与其他船只的直接通信，协调救援和避险行动。无线电设备包括甚高频（VHF）和高频（HF）无线电台，广泛应用于海上通信。VHF 无线电台适用于短距离通信，通常用于船舶间的日常联系和紧急呼叫。例如向附近的船只发出求救信号或通知航行动态。而 HF 无线电台则适用于长距离通信，可以在远离海岸线的海域与岸基指挥中心进行联系。无线电通信具有实时性强、操作简便的特点，能够在紧急情况下快速建立通信链路，传递关键信息。

配置应急通信设备还包括安装数字选择性呼叫（DSC）系统和全球海上遇险与安全系统（GMDSS）。DSC 系统是一种基于 VHF 和 HF 无线电台的数字通信系统，能够自动发送和接收遇险信号，提高遇险呼叫的效率和准确性。GMDSS 则是一套综合性海上应急通信系统，整合了卫星通信、无线电通信和自动识别系统（AIS），能够在全球范围内提供全天候的海上安全保障。通过这些先进的通信系统，船舶可以在遇险时迅速发出求救信号，并获取海上救援力量的及时响应。

2. 综合应急指挥平台

集成监测数据和预警信息是应急响应系统的基础。通过各种传感器和监测设备，实时收集环境、设备和人员的状态信息。例如，在气象监测中，卫星和地面气象站可以提供精确的天气数据；在工业生产中，各种传感器可以监测设备运行状态和环境参数；在海上航行中，雷达和自动识别系统（AIS）可以监测船舶位置和航行动态。这些数据通过无线通信和互联网技术，传输到应急指挥中心进行集中处理和分析。当监测数据出现异常或超过预设阈值时，系统会自动生成预警信息，并通过多种渠道（如短信、广播、网络）及时通知相关人员和部门。例如，在地震预警系统中，地震监测站会在地震波传播到达之前几秒钟到几分钟内，向公众和应急部门发布预警信息，争取宝贵的避险时间。在工业安全管理中，当监测到有害气体泄漏或设备故障时，系统会立即发出警报，组织人员撤离和进行设备维修。

应急资源的集成和统一调度是提高应急响应效率的关键。应急资源包括人力、物资、设备和技术支持等。例如，在自然灾害发生时，需要迅速调动救援人员、医疗物资、应急车辆和通信设备等资源。通过建立应急资源数据库，并利用地理信息系统（GIS）和大数据分析技术，可以实现资源的快速匹配和高效调度。例如，当某地发生洪灾时，系统可以根据灾情的严重程度和受灾范围，迅速确定救援力量的调配方案，确保救援物资和人员及时到位，最大限度地减少损失。在应急响应过程中，各级指挥中心和应急部门需要密切合作，形成高效的协同作战机制。例如，在台风来袭时，气象部门发布预警信息后，应急管理部门需要迅速启动应急预案，协调各地政府和救援队伍的行动，组织人员撤离、加固堤坝、分发物资等。通过统一的指挥平台，可以实现信息共享、资源整合和指令同步，避免重复调度和资源浪费，以提高应急响应的整体效率。

3. 专家系统

集成应急预案和专家知识库意味着将各种突发情况和紧急事件的处理方案以及专家的经验知识整合到一起。这些预案和知识包括船舶遇险、火灾、泄漏、碰撞等各种紧急情况的处理方法、应急程序和最佳实践。这些信息通常由航运公司、船级社、行业协会等机构制定，并经过专业的审核和验证。将这些预案和知识整合到系统中，可以为船员提供详细、准确的指导，帮助他们在紧急情况下作出正确的决策。当船舶面临紧急情况时，船员可以通过系统，查询相关的应急预案和专家知识，获取应对该情况的最佳建议和操作指南。例如，在火灾发生时，船员可以通过系统查询火灾应急预案，了解火灾扑救的具体步骤和注意事项；在碰撞事故中，船员可以查询专家知识库，了解如何应对船体受损、水进舱等情况。这些信息可以帮助船员迅速作出正确的决策，最大程度地减少损失。

集成应急预案和专家知识库系统还可以进行实时更新和优化。随着航运业的发展和技术的进步，应急处理方案和专家知识也在不断演进和完善。系统可以定期接收最新的预案和知识更新，并及时更新到数据库中，以保证船员始终能够获取到最新、最准确的信息。此外，系统还可以根据船舶的具体情况和特点进行定制化设置，使得应急处理方案更加贴合实际需求，提高实用性和可操作性。

三、应急管理的科学实施

（一）科学制订应急预案

要提高船员的应变能力，以便成功处理突发事件，必须有高效率的应急预案，而应急预案的制订要根据本船实际情况和安全操作程序而定。编制应急预案要坚持以人为本，安全第一；要依法合规，科学可靠；要突出自救，注重实效。

（二）有效实施应急演练

应急演练一方面是检查预案的科学性和有效性，同时对应急预案存在的问题提出解决方法，并充实到预案中。另一方面，通过演练可以评估应急准备状态，发现并及时修改应急救援预案、执行程序、救援行动中的缺陷和不足，进一步提高应急救援的反应能力、救援能力以及协调配合能力。有计划、有目的的应急演练，对有效的防范事故、提高应急行动的成功率、降低事故损失和危害，及时发现并修正应有措施具有十分重要的作用。应急演练可采取桌面推演和实地演练的形式，两种形式各有特色。

1. 桌面推演

桌面推演可选在会议室进行，由部门长或相关干部船员指导，讨论和推演紧急情况下如何按程序采取行动，熟悉应急装备、器械的操作。其特点是：方便开展、快速熟悉、不易造成伤害。

2. 实地演练

实地演练是到现场进行实战演练，能够更好地让船员熟悉环境、明确职责、加强配合，实地演练应该注重以下三个方面的内容：

（1）正确果断地指挥

正确的指挥是应急行动成功的关键。在应急处理的过程中，突发事件导致出现的紧急情况可能会不断升级和变化，这就要求船员，尤其是指挥者能及时、充分评估当时形势，综合考虑人力、设备、技术、环境、人身安全等因素，根据事态发展不断调整应急措施，使应急行动得以成功进行。

（2）良好的团队协同

船员的群体协作是应急行动成功的保证。在应急处理过程中，要求船员能够按照应急预案或现场指挥的要求各司其职，协同配合，不慌不乱。

（3）训练有素的船员

训练有素的船员是应急行动成功的基础。当船舶发生应急事件时，每一名船员都有其职责，所以船员是否有能力完成各自的职责就显得尤为重要了。平时要加强业务技能和自身素质的培养，使自己具有处理各种紧急情况的反应知识和技能。同时要熟悉所有的应急预案，做到应对突发事件时心中有底，能正确判断和指挥应急反应中的各种状况。

（三）适时修订应急预案

应急预案的及时修订是保证应急预案针对性、实效性的重要措施。船舶环境结构的变化、航行区域以及人员配置的变化都会造成原有的应急预案产生漏洞。因此，企业应定期对应急预案进行修订，以保证能有效实施。虽然船舶安全事故具有突发性、紧迫性及高危害性，但只要我们平时加强安全管理，严格按照船上的应急计划进行各种培训和演练，练以致用，使船员应对突发事件时沉着冷静、从容应对，我们是能够将突发事件对船舶、对船员的危害降至最低的。

安全管理系统在船舶机舱中的应用

一、监测监控与报警系统

（一）火灾监测与报警系统

1. 火灾监测传感器和烟雾探测器

船舶机舱是火灾隐患的高发区域，由于机舱内有大量的机械设备和易燃物品，任何设备故障或操作失误都有可能引发火灾。因此，在机舱内安装火灾监测传感器和烟雾探测器，成为防范火灾的必要手段。这些传感器能够全天候、无死角地监测机舱内的温度变化和烟雾浓度，一旦发现异常，立即向控制中心发送警报信号。

火灾监测传感器和烟雾探测器的高效运作，依赖先进的科技和精准的检测能力。这些设备可以实时捕捉机舱内任何微小的温度升高和烟雾生成。例如，当某一机械设备因过热而导致温度迅速上升时，温度传感器会立即作出反应，记录异常温度并发出警报。同样，烟雾探测器能够在烟雾浓度略有上升时，迅速识别并触发报警系统。这种实时监测和快速响应机制，为船员赢得了宝贵的应急处理时间。火灾监测传感器或烟雾探测器检测到异常情况，报警系统会立即启动。报警系统的设计确保警报信息能够迅速传达到所有相关人员，提醒船员迅速采取应急措施。这不仅包括现场警报装置发出的声音和光信号，还可以通过船舶内部通信系统，将警报信息传递到船舶指挥中心和其他关键位置。船员在接收到警报后，可以迅速定位火灾源头，并根据应急预案，采取灭火、隔离和疏散等措施，防止火灾扩散和蔓延。

通过在机舱内安装火灾监测传感器和烟雾探测器，船舶能够大大提高火灾预防和应急响应的效率。这种技术手段不仅能够及时发现火灾隐患，避免火灾造成的重大损失，还能有效保护船员的生命安全和船舶的运行安全。此外，定期对这些传感器和探测器进行检测和维护，确保其始终处于最佳工作状态，也是保障其功能发挥的重要环节。

2. 自动灭火系统

自动喷水灭火系统是应对火灾的第一道防线。这种系统利用传感器实时监测环境温度，当检测到温度异常升高至预设警戒值时，自动触发喷水装置。高压水流通过喷头迅速覆盖火灾区域，冷却燃烧物并隔绝火源与氧气的接触，从而有效控制火情。自动喷水灭火系统的反应速度极快，可以在火灾初期将火势控制在较小范围内，避免火灾扩散，减少损失。

气体灭火系统则是对特殊环境和设备保护的关键手段，尤其适用于易损设备和狭小空间的灭火。气体灭火系统利用无毒、无腐蚀性的灭火气体，如二氧化碳、七氟丙烷等，通过专门的喷嘴释放到火灾区域。这些气体能够迅速降低环境氧气浓度，使火焰熄灭，同时不对精密设备造成损害。气体灭火系统的应用确保了在机舱设备密集、人员活动频繁的情况下，火灾能够迅速得到控制。

当火灾监测传感器和烟雾探测器检测到火灾时，自动喷水灭火系统和气体灭火系统会立即启动。这种自动化反应机制确保了灭火措施的及时性和有效性。系统在启动后，无须人工干预即可进行灭火操作，为船员争取宝贵的逃生和应急处理时间。尤其在深夜或在船员分散工作的情况下，自动化灭火系统能够在最短时间内进行响应，迅速控制火情，最大限度地减少火灾对船舶和设备的损害。安装自动喷水灭火系统和气体灭火系统，不仅提高了船舶的安全性，还减少了火灾对经济效益的影响。船舶一旦发生火灾，可能导致长时间停航，影响航运计划和收益。通过自动化灭火系统的及时响应，可以将火灾损失降至最低，避免长时间的停航和高昂的维修费用。此外，这些系统在火灾发生后仍能保持较低的维护成本和简单的操作方式，是船舶长期安全运行的重要保障。

（二）气体检测与报警系统

1. 气体传感器和检测仪

在船舶的机舱内安装气体传感器和检测仪是一项重要的安全措施。这些设备可以监测机舱内的氧气浓度、有害气体浓度和可燃气体浓度，及时预警有害气体泄漏，防止气体中毒和爆炸等危险事件的发生。通过配备气体传感器和检测仪，船舶可以实现对机舱内气体浓度的实时监测。这些设备能够准确地检测氧气、有害气体（如硫化氢、二氧化碳等）和可燃气体（如甲烷、丙烷等）的浓度变化，一旦浓度超出安全范围，就会立即发出警报。

及时预警有害气体泄漏可以有效防止气体中毒和爆炸等危险事件的发生。当气体传感器和检测仪检测到有害气体浓度超标时，会自动触发报警系统，提醒船员采取紧急措施，如及时通风、关闭相关设备等，以防止事故的发生。这样可以保障船员和船舶的安全，避免因气体泄漏导致的意外事故。配备气体传感器和检测仪在船舶机舱内进行气体监测和预警，是一项非常重要的安全举措。通过及时监测和预警，可以有效防止气体中毒和爆炸等危险事件的发生，保障船员和船舶的安全运行。船舶管理者应重视这些设备的安装和维护，确保其正常运行，为船舶安全提供有力保障。

2. 通风和排气系统

自动启动通风系统是对检测到有害气体的一种自动响应机制。当气体传感器监测到机舱内有害气体浓度超过设定的安全阈值时，系统会立即启动通风设备。这些通风设备可以快速将机舱内的空气排出，并引入新鲜空气，以降低有害气体的浓度，保持空气清新。自动启动通风系统可以确保机舱内空气质量达到安全标准。有害气体的高浓度会对船员和设备造成严重的危害，如氧气不足导致中毒或爆炸等。通过及时启动通风系统，可以有效降低有害气体的浓度，保障船员健康和机舱设备的正常运行。

自动启动通风系统提高了机舱内应对突发情况的能力。在发生意外事件时，如化学物质泄漏或燃气泄漏，通风系统的自动启动可以迅速清除有害气体，减少事故扩大的可能性，保护船舶和船员的安全。通过快速降低有害气体浓度，保障机舱内空气质量，提高机舱内的安全性和应对突发情况的能力。船舶管理者应对通风系统进行定期检查和维护，以确保其可靠性和稳定性，为船舶安全运行提供有力支持。

（三）泄漏检测与控制系统

1. 液体和气体泄漏监测装置

在船舶机舱内安装液体和气体泄漏监测装置是一项关键的安全措施，旨在实时监测机舱内的泄漏情况并及时采取措施，防止因泄漏导致的安全事故发生。这些监测装置通过液体和气体传感器实时监测机舱内的泄漏情况。传感器能够准确地检测泄漏物质的浓度和位置，并将监测到的数据传输到监测系统中进行处理和分析。这样的实时监测系统可以帮助船员和管理人员及时了解泄漏情况，采取相应的措施。

通过传感器检测泄漏，可以及时发出警报，防止因泄漏导致的安全事故。一旦监测到液体或气体泄漏，监测装置会自动触发警报系统，发出警报信号通知船员和管理人员。这样的及时警报可以帮助船员迅速采取应急措施，如关闭泄漏源、启动通风设备等，有效避免因泄漏导致危险情况发生。通过实时监测泄漏情况并及时发出警报，可以有效防止因泄漏导致的安全事故，保护船舶设备和船员的安全。船舶管理者应定期对监测装置进行检查和维护，确保其可靠性和有效性，为船舶的安全运行提供有力支持。

2. 自动关闭阀门

当监测装置检测到液体或气体泄漏时，会自动触发系统关闭相关阀门的措施。这些阀门的关闭可以迅速切断泄漏源，防止液体或气体继续泄漏进入机舱或其他区域。这样的自动化控制措施可以迅速应对泄漏事件，减少泄漏造成的损害和影响范围。监测装置会通过警报系统发出警报信号，提醒船员及时处置泄漏事件。警报系统通常包括声音和视觉信号，以确保船员能够及时收到警报信息。一旦收到警报信息，船员可以立即采取必要的措施，如穿戴防护装备、封闭泄漏源、启动通风设备等，有效控制和处理泄漏事故。通过这些措施，可以迅速应对泄漏事件，最大程度地减少损害和风险。船舶管理者应确保监测装置和警报系统的正常运行，定期进行检查和维护，以确保在发生泄漏时能够及时、有效地应对，保障船舶设备和船员的安全。

（四）舱室安全监控系统

1. 视频监控和声音监测

在船舶机舱内安装视频监控设备和声音监测设备是为了实时监控船员和设备的活动情况，及时发现异常情况并进行处理，以保障船舶的安全和稳定运行。视频监控设备能够实时监控船舶机舱内的各个区域和关键设备，记录船员的活动情况和设备的运行状态。通过视频监控，船舶管理人员可以随时查看机舱内的实际情况，确保设备正常运行，发现并解决潜在问题。例如，监控设备可以检测到设备运行异常、船员操作不当或危险情况，及时发出警报，提醒船员采取必要的措施，避免事故的发生。声音监测设备用于监测机舱内的声音环境，并及时发现异常声音。例如，设备运行时出现异常噪声、机械故障声音或其他异常声音，声音监测设备可以快速识别并发出警报。这样，船员和管理人员可以及时检查、修复设备问题，避免事故扩大或发生。

视频监控设备和声音监测设备在船舶机舱中起着重要作用，可以实现对船员和设备的实时监控，发现和解决潜在问题，保障船舶的安全运行。船舶管理者应确保监控设备和监测设备的正常运行，定期进行检查和维护，以提高监控效率和及时发现异常情况的能力，确保船舶设备和船员的安全。

2. 人员定位系统

人员定位系统通过定位设备或传感器监测船员在机舱内的实时位置。这种系统可以准确记录每位船员所在的区域和位置，实时更新并传输至监控中心或船舶管理人员的控制台。这样，船员的活动轨迹和位置信息可以被实时监测和跟踪，确保船员的安全和管理。人员定位系统在紧急情况下能够快速响应和救援。例如，如果船员遇到意外情况或紧急事件，监控系统可以立即识别船员所在位置，并发出警报通知相关人员。这种系统可以大大缩短救援响应时间，帮助船员在紧急情况下及时获得援助和救助。通过准确监测船员位置，系统可以及时发现并处理潜在的安全风险，保障船员的安全。船舶管理者应确保人员定位系统的正常运行，定期检查和维护设备，提高系统的可靠性和安全性，确保在紧急情况下能够快速响应和救援。

二、应急处理和疏散系统

（一）应急预案和培训

制订详细的应急预案是船舶安全管理的基础。这些应急预案应该涵盖各种可能发生的紧急情况，如火灾、漏水、救生等。预案中应明确规定各种紧急情况的处理流程、责任人员和联系方式、应急设备和装备的使用方法等内容。预案需要经过船舶管理部门的认真审查和不断完善，确保其符合实际情况，并能够在紧急情况下发挥最大效能。

定期进行演练是检验和提高船员应对能力的重要途径。演练活动应根据不同的紧急情况定期进行，如每季度或半年进行一次火灾演练、漏水演练等。演练内容应模拟真实场景，包括火灾扑救、船舶疏散、救生设备使用等环节，让船员在实际操作中熟悉应急流程和技能。演练活动还可以发现和解决预案中可能存在的不足，提高预案的实用性和适应性。

提高船员在紧急情况下的应对能力是船舶安全管理的重点。船员应该定期接受相关应急培训，包括火灾应急、漏水应急、救生技能等。培训内容应结合实际情况和演练经验，注重实战技能的训练和提高。同时，船员应具备良好的应急心态和团队协作意识，在紧急情况下能够迅速冷静应对，确保船舶和船员的安全。

（二）逃生通道和救生设备

船舶安全管理中，配备完善的逃生通道、救生装备和紧急通信设备是至关重要的措施。这些设备和装备的存在，可以有效保障船员在紧急情况下的生命安全，并提高应对危机的效率和准确性。船舶必须配备完善的逃生通道。这些通道应该设有明显的标识和指示，确保船员能够迅速找到最近的逃生通道，并且通道通畅、无阻碍。逃生通道的设置应考虑船舶结构和布局，确保在任何情况下都能够迅速安全地撤离。

救生装备的配备也是至关重要的。这包括救生衣、救生筏、救生圈等设备。救生装备应该按照相关标准和规定进行检查和维护，确保其处于良好状态并能够在紧急情况下发挥作用。船舶管理人员应该定期组织救生装备的演练和检查，让船员熟悉救生装备的使用方法和操作流程。紧急通信设备也是保障船员安全的重要手段。船舶应配备可靠的紧急通信设备，如无线电台、卫星电话等，确保与外界的联系畅通。在紧急情况下，船员可以通过紧急通信设备发出求救信号，并接受外界的指导和支援，提高救援的效率和及时性。

三、数据记录与分析系统

（一）数据记录仪

数据记录仪可以记录船舶各项操作的细节。这包括船舶的航行状态、速度、舵角、发动机工作情况等。记录这些操作数据可以帮助船舶管理人员了解船舶的实时运行状态，及时发现并解决潜在的操作问题，确保船舶安全稳定地航行。数据记录仪还可以记录船舶的安全参数。这包括船舶的温度、湿度、压力、燃油消耗等关键参数。通过记录这些安全参数，船舶管理人员可以监测船舶的安全状况，及时发现异常情况，并采取相应措施进行调整和改进。最重要的是，数据记录仪为事故后的数据分析提供了重要依据。当发生意外事故或紧急情况时，数据记录仪可以提供详细的事发时刻的数据记录。这些数据可以帮助事故调查人员分析事故原因，找出问题所在，并提出改进建议和安全管理措施，以预防类似事故再次发生。

（二）大数据分析

历史数据的分析可以帮助船舶管理人员了解船舶运行过程中存在的问题和风险。这些数据包括船舶的运行状况、事故记录、故障情况、维修记录等。通过对这些数据进行系统分析，可以发现潜在的安全隐患和问题点，及时采取措施进行改进和完善。历史数据分析可以帮助船舶建立有效的预警机制。通过对历史数据中的异常情况和事故案例进行总结和分析，可以确定一些常见的问题模式和预警信号。基于这些预警信号，船舶可以建立起预警系统，及时发现并解决潜在的风险和问题，提高整体的安全性和稳定性。

历史数据分析还可以为安全管理策略的优化提供重要依据。通过对历史数据中的安全事件和事故进行深入分析，可以总结出一些有效的管理经验和教训，为今后的安全管理工作提供指导和参考。船舶管理人员可以根据历史数据的分析结果，优化安全管理策略，加强培训和教育，提高船员的安全意识和应对能力，从而提高整体安全性。

第7章

能源管理与环境保护

节能技术在船舶机舱中的应用

　　船舶能源管理旨在通过优化能源使用，降低运营成本和减少环境污染。科学有效的能源管理不仅能够提高船舶运营效率，还能带来显著的经济和环境效益。提高燃油效率是其中的一个重要方面。通过应用先进的推进技术，如可调螺距螺旋桨和空气润滑系统，可以显著提高燃油利用率，减少燃油消耗。此外，利用大数据分析和智能航行优化系统，可以规划出最节能的航线，避免不必要的燃油浪费。余热回收利用也是提高能源效率的重要手段。安装余热锅炉可以将主机和辅机的废气热量转化为蒸汽，用于船舶的供热或发电，从而提高能源利用效率。同时，热电联产系统能够将废热转换为电能，为船舶提供电力供应，进一步减少燃料消耗。

一、高效推进系统与废热回收

（一）高效推进系统

1. 可调螺距螺旋桨

　　在船舶的航行中，螺旋桨扮演着非常重要的角色。它们通过产生推力来推动船体前进，而螺距则是螺旋桨上螺线的间距，它决定了螺旋桨在同等功率下产生的推力大小。因此，调整螺距就是根据船舶所处的航行条件，调整螺旋桨螺线的间距，以实现最佳的推进效率和燃油利用率。对于不同的航行条件，如船舶的速度、载重量、航行路线、水深等因素都会对螺距的选择产生影响。比如在需要快速行驶时，可以适当增大螺距，以增加推力和速度；而在需要节能的航行中，可以适当减小螺距，降低功耗和燃油消耗。

　　现代船舶往往配备智能化的推进系统，可以根据实时的航行数据和传感器监测信息，自动调整螺距以达到最佳的推进效果。这种智能化的调整不仅能够提高船舶的燃油利用率，还能保证船舶在不同的航行条件下都能够保持稳定和高效的推进状态。调整螺距是现代船舶高效推进的重要手段之一，它通过科学地调整和控制，使得船舶在航行过程中能够以最佳的方式利用能源，达到节能减排的目的，同时提升了航行的安全性和可靠性。

2. 双对转螺旋桨

双对转螺旋桨是现代船舶推进系统中的一种高效设计，它通过两个相对旋转的螺旋桨来减少流体动力损失，从而提高推进效率，使船舶在航行中更加节能高效。双对转螺旋桨的设计原理是利用两个相对旋转的螺旋桨相互配合，通过双对转的方式来产生推进力。相对于传统的单螺旋桨，这种设计能够更有效地利用水流的动能，减少水流与桨叶之间的阻力，降低流体动力损失。这种设计能够提高船舶的推进效率，减少燃油消耗，实现节能减排的目的。

双对转螺旋桨的优点在于它可以产生更大的推进力，并且在船舶航行过程中能够更加稳定和平衡。两个螺旋桨的相对旋转使得推进力更加均匀，减少了船体的震动和摇晃，提升了航行的舒适性和稳定性。这对于长途航行和在恶劣海况下的船舶尤为重要，可以有效降低船员的疲劳程度，提高航行的安全性和可靠性。双对转螺旋桨的设计也更加灵活多样化，可以根据船舶的不同需求和航行条件进行调整和优化。比如可以调整旋转速度、螺距等参数，以适应不同的航行速度和载重要求。这种灵活性和多样性使得双对转螺旋桨成为现代船舶推进系统中的一种重要设计方案。

3. 空气润滑系统

喷射空气形成气膜技术，是现代船舶领域中一项重要的节能创新技术。通过在船体底部喷射空气，形成气膜，可以有效减少船体与水之间的摩擦阻力，从而降低燃油消耗，实现节能环保的目的。喷射空气形成气膜的工作原理是利用气体流动的特性，在船体与水之间形成一层气膜，使得船体与水的直接接触面积减小，从而减少了摩擦阻力。这种技术类似于空气垫船的原理，但更加简化，普遍应用于各类船舶中。喷射空气形成气膜技术对于船舶的节能效果非常显著。摩擦阻力是船舶航行中主要的能量损耗之一，通过减少摩擦阻力，可以降低船舶在航行过程中所需的推进功率，进而减少燃油消耗。这对于船舶行业的节能减排和环保发展具有积极的意义。喷射空气形成气膜技术还具有一定的舒适性和安全性优势。由于减少了摩擦阻力，船舶在航行中可以更加平稳，减少了颠簸和震动，提升了船员和乘客的航行舒适性。同时，降低摩擦阻力也可以减少船舶在航行中的噪声和振动，对于环境和生态保护也具有一定的积极影响。

（二）废热回收系统

1. 余热锅炉

废热回收技术可以显著降低船舶的能源消耗。主机和辅机在运行过程中会产生大量的废气热量，如果这些热量被浪费掉，不仅会增加船舶的能源消耗，还会造成能源资源的浪费。通过废热回收技术，这些废气热量得到了有效利用，用于供热或发电，从而减少了对其他能源的依赖，降低了能源消耗成本。废热回收技术对于环境保护具有积极的意义。船舶排放的废气中含有大量的污染物和温室气体，直接排放到大气中会对环境和空气质量造成影响。通过废热回收技术将废气中的热能转化为有用的能源，不仅减少了对传统能源的需求，还减少了对环境的污染，对于推动船舶行业的绿色发展具有积极的作用。

废热回收技术还可以提高船舶的整体能源利用率和竞争力。能源是船舶运营中的重要成本之一，通过废热回收技术降低能源消耗，可以有效控制运营成本，提升船舶的经济效益。同时，节能环保也是当前船舶业的发展趋势，采用废热回收技术可以增强船舶的市场竞争力，更好地适应未来的发展需求。

2. 热电联产系统

在船舶运行过程中，主机和辅机等设备会产生大量的废热，如果这些废热得不到有效利用，将会导致能源的浪费和环境的污染。为了充分利用这些废热资源，提高船舶的能源利用效率，人们提出了将废热转换为电能的技术。废热转换为电能的原理是通过热交换器将废热中的热能转化为蒸汽或热水，然后利用蒸汽轮机或发电机将热能转换为电能。这种技术可以用于船舶的电力供应，如提供给船舶的航行设备、通信设备、船舱设备等，从而减少对传统燃料的依赖，降低燃料消耗和运营成本。

废热转换为电能可以有效减少船舶的燃料消耗。传统上，船舶需要使用燃油或其他能源来产生电能，而废热转换技术可以利用废热资源，将其转化为电能，减少了对燃料的需求，降低了燃料消耗，从而节约了能源和成本。废热转换为电能对环境保护有着积极的影响。船舶排放的废气中含有大量的污染物和温室气体，直接排放到大气中会对环境和空气质量造成影响。通过将废热转换为电能，不仅减少了对传统燃料的消耗，还减少了废气排放，降低了对环境的污染，对于推动船舶业的绿色发展具有积极的作用。废热转换为电能还可以提高船舶的整体能源利用效率和竞争力。通过废热转换技术减少了能源消耗和运营成本，可以有效控制船舶运营成本，提升经济效益。同时，节能环保也是当前船舶行业的发展趋势，采用废热转换技术可以增强船舶的市场竞争力，更好地适应未来的发展需求。

二、先进电气设备与智能控制

（一）先进电气设备

1. LED 照明

LED 灯具具有更高的能效。传统的白炽灯和荧光灯等照明设备存在较大的能量损耗，而 LED 灯具可以将大部分电能转化为光能，能效更高。这意味着在同样的照明亮度下，LED 灯具相比传统照明设备可以实现更低的能耗，大幅降低电力消耗。对于船舶来说，节约能源是一项重要的任务，LED 灯具的高能效可以有效降低船舶的能源消耗，提高能源利用效率。传统照明设备的寿命相对较短，需要频繁更换灯泡或者整个灯具，不仅增加了维护成本，也增加了船舶的停航时间。而 LED 灯具的寿命通常可以达到数万个小时，甚至时间更长，具有更高的耐用性和稳定性，减少了更换灯具的频率，降低了船舶的维护成本和停航风险。除了能效和寿命方面的优势，LED 灯具还具有诸多其他优点。比如，LED 灯具体积小巧，可以灵活安装在船上的各个角落，提高照明覆盖面积；LED 灯具可以调节亮度和色温，满足不同船舶环境下的照明需求；LED 灯具不含汞等有害物质，符合节能环保的发展趋势。

2. 高效电动机

能效等级更高的电动机有更高的能源利用效率。传统的电动机在电能转换过程中存在一定的能量损耗，而采用能效等级更高的电动机可以有效降低这种能量损耗。这意味着在同样的工作负载下，能效更高的电动机可以实现更高的电能转换效率，减少不必要的能源浪费，降低电力消耗。能效等级更高的电动机通常具有更加先进的设计和制造工艺。这种先进技术可以提高电动机的运行效率和性能稳定性，减少能源损耗，延长电动机的使用寿命。船舶作为长期在海上运行的大型设备，对电动机的可靠性和稳定性要求较高，采用能效等级更高的电动机可以有效提高船舶的可靠性和安全性。

采用能效等级更高的电动机还可以降低船舶的运营成本。虽然高能效的电动机在初期投资上可能较高，但其长期的节能效益和维护成本优势会逐渐显现。节能降耗可以降低燃料消耗和电力消耗，减少船舶的运营成本，提高经济效益。采用能效等级更高的电动机是一种有效的节能措施，对于船舶业来说具有重要意义。通过提高电能转换效率，减少能源浪费，降低电力消耗和运营成本，能效更高的电动机有助于推动船舶业向着更加环保、节能、可持续发展的方向迈进。

3. 能源管理系统（EMS）

实时监测能源情况可以帮助船舶管理者全面了解船舶各个系统的能源消耗情况。通过安装传感器和监测设备，可以实时监测船舶的燃料消耗、电力使用、水资源利用等关键能源数据。这些数据不仅可以用于分析船舶的实际能源使用情况，还可以对比设定的能效目标，及时发现能源消耗过高或浪费的问题。通过实时控制能源消耗情况，可以及时采取调整措施，优化能源分配。船舶的各项设备和系统通常有不同的能源消耗模式，根据航行状态、负载情况和环境条件的变化，可以调整各个系统的运行参数，实现能源的合理分配和利用。比如，在轻载状态下可以降低主机功率，节约燃油消耗；在港口停泊时可以切断不必要的电力负荷，减少电能浪费。

实时监测和控制还可以帮助识别和排查能源消耗过高的设备或系统。通过分析实时数据，可以发现潜在的能源浪费问题，并及时采取措施进行优化和改进。比如，发现某台设备运行时能源消耗异常高，可以进行设备检修或更换，提高能源利用效率。实时监测和控制能源消耗情况有助于建立能源管理系统（EMS），实现能源数据的动态管理和分析。通过数据的收集、存储、分析和应用，可以不断优化能源分配策略，提高整体能效水平。同时，可以借助先进的数据分析技术和智能算法，实现能源消耗的预测和优化，进一步提升船舶的能源管理水平和环保效益。

4. 自动舵系统

精确控制航向和舵角可以减少船舶的航迹偏移，避免不必要的航向变更。航行过程中，船舶如果频繁调整航向或者偏离预定航线，会导致额外的航行距离和时间，增加燃料消耗。通过精确控制舵角和航向，可以使船舶始终保持在最佳航向上，减少航迹偏移，降低能源消耗。精确控制舵角可以减少船舶在转弯和曲线航行时的能源消耗。船舶在转向时，舵角的大小直接影响了船舶的转向半径和航行轨迹。如果舵角调整不精确或者超过了实际需要，会导致船舶过度转向或者转向不足，不仅增加了水动阻力和航行阻力，还增加了燃料消耗。通过精确控制舵角，可以使船舶实现最小半径转弯，减少能源消耗，提高航行效率。

精确控制舵角还可以减少船舶在恶劣天气或复杂水域中的能源消耗。在大风、大浪或者强流的情况下，船舶需要根据实际情况调整舵角来保持航向稳定。如果舵角调整不精确或者频繁调整，会增加船舶的能源消耗和驾驶员的操作难度。通过精确控制舵角，可以有效应对恶劣天气和复杂水域，保持船舶的稳定性和安全性，降低能源消耗。

（二）燃料优化

1. 燃油添加剂

改善燃油的燃烧性能是一项关键的技术手段，可以有效提高船舶的燃料利用率，降低燃油消耗和排放。通过技术创新和优化，可以使燃油在燃烧过程中更加完全、高效，最大限度地释放能量，减少能源浪费和环境污染。

改善燃油的燃烧性能可以提高燃料的利用率。燃油的燃烧过程涉及燃油与空气的混合、点火和燃烧释放能量等环节。通过优化燃油喷射系统、提高燃烧效率和控制燃烧温度等技术手段，可以使燃油在燃烧过程中更加充分、彻底，最大程度地释放能量，提高燃料利用率。改善燃油的燃烧性能可以降低燃油消耗和排放。燃烧过程中未完全燃烧的燃料会产生大量的废气和排放物，增加了燃油消耗和环境污染。通过优化燃油的燃烧过程，减少未完全燃烧的燃料和废气排放，可以有效降低燃油消耗和排放，实现节能减排的目标。此外，改善燃油的燃烧性能还可以提高船舶的运行效率和性能。充分燃烧的燃料释放的能量更大，可以提供更多的动力和推进力，提高船舶的航行速度和稳定性，增强船舶的操作性和驾驶体验。

2. 电池储能系统

储存电能可以通过多种方式实现，如使用电池储能系统或者超级电容器等。这些设备可以使船舶在港口停泊或者低负荷运行时充电，将电能储存起来。一旦船舶需要额外动力时，可以从储能系统中释放电能，提供所需的动力，而无须依赖燃油发动机。这种智能的能源管理方式有助于减少船舶在静止或低负荷运行时的燃油消耗，降低对环境的负荷。储存电能还可以提高船舶的动力响应速度和稳定性。由于电能转换效率高，电池储能系统释放电能时可以迅速提供所需的动力，响应速度快，有利于船舶在临时需要加速或者应对突发情况时的表现。此外，电能输出相对稳定，可以降低动力系统的波动性，提升船舶运行的稳定性和可靠性。

储存电能的使用符合环保和可持续发展的理念。相比燃油动力，电能动力在使用过程中不会产生排放物，减少了对大气和水质的污染，有利于保护环境和生态系统。尤其是在港口等密集区域使用储存电能提供动力，可以有效降低污染物的排放，提高周边环境质量，提升船舶运营的环境友好性。

（三）空气处理系统

1. 空气预处理

预热进入机舱的空气可以有效提高燃烧效率。通过在空气进入燃烧室之前进行预热，可以使空气的温度升高，提高了燃烧的温度和效率。这样可以更充分地利用燃料的热能，减少能量的损失，提高发动机的热效率和功率输出，从而降低了燃油的消耗。预冷进入机舱的空气也可以发挥重要作用。在某些情况下，需要将进入机舱的空气进行预冷，以降低其温度。通过降温处理，可以减少燃料在燃烧过程中产生的热能损失，提高燃烧效率，减少不完全燃烧的燃料产生的有害气体排放，进而降低对环境的影响。

这种预处理空气的技术还可以改善发动机的性能和可靠性。适当的空气温度可以降低发动机零部件的磨损程度，延长设备的使用寿命，减少维护和更换成本。同时，对于一些对温度敏感的发动机，预冷空气可以提供更好的工作环境，提高发动机的稳定性和可靠性。预热或预冷进入机舱的空气是一项有效的节能技术，它可以提高燃烧效率，减少能源消耗，降低环境排放，并且对发动机的性能和可靠性都有积极的影响。在船舶的能源管理中，应该重视并采用这种技术，推动船舶行业朝着更加环保、高效的方向发展。

2. 空气压缩和干燥系统

对空气压缩机的优化可以显著降低能耗。空气压缩机是船舶中消耗能量较大的设备之一，其运行状态直接关系到船舶系统的稳定性和能源利用效率。通过合理调整空气压缩机的运行参数，如压力、流量等，可以使其在最佳工作状态下运行，降低能耗，减少能源浪费。干燥器的优化也是节能的关键。干燥器在船舶系统中用于去除空气中的水分，防止水分对设备和管道的腐蚀和损坏。通过优化干燥器的运行模式和周期，可以降低其能耗，减少能源消耗。例如，可以根据实际需要调整干燥器的工作时间和温度，避免不必要的能源浪费。定期检查和维护空气压缩机和干燥器也是保证其高效运行的重要措施。定期清洗、更换滤芯和密封件，保持设备的清洁和良好状态，可以减少能源损失，延长设备的使用寿命，提高设备的运行效率和稳定性。

3. 高效制冷系统

船舶在航行过程中需要对一定范围内的空间进行制冷，以保持良好的工作和生活环境。为了提高制冷效率，降低能耗，保护环境，船舶制冷系统采用了一系列节能技术，其中包括使用节能型制冷剂和高效换热器。

采用节能型制冷剂是制冷系统节能的关键。传统的制冷剂往往具有较高的全球变暖潜势和臭氧耗损潜势，对环境造成较大影响。而节能型制冷剂通常具有较低的环境影响指数，能够更好地保护大气层和生态环境。同时，节能型制冷剂在制冷过程中能够提供更高的制冷效率，降低系统运行所需的电力消耗。高效换热器的应用也是提升制冷效率的重要措施。换热器在制冷系统中负责热量的传递和调节，其性能直接影响到系统的能效和运行成本。采用高效换热器可以提高热量传递效率，减少能源损失，降低制冷系统的电力消耗。高效换热器通常具有较大的传热面积和良好的传热效果，能够更快地实现温度控制，并且在相同工作条件下消耗的能量更少。

污染物排放控制与治理

船舶排放的污染物对海洋环境和人类健康造成了严重威胁。为了保护海洋生态系统，必须采取一系列环境保护措施。使用低硫燃料是减少硫氧化物排放的有效途径。国际海事组织对船舶硫氧化物排放制定了严格的限值标准，船舶需使用低硫燃料以符合这些标准。液化天然气（LNG）作为一种清洁燃料，能够显著减少二氧化碳、硫氧化物和氮氧化物的排放，成为未来船舶燃料的重要选择。安装尾气处理系统也是控制污染的重要措施。通过安装脱硫装置（洗涤器）可以去除废气中的硫氧化物，确保排放符合国际标准。而选择性催化还原（SCR）系统则可以有效去除废气中的氮氧化物，减少大气污染。

一、污染物排放的挑战

（一）氮氧化物

随着全球环保意识的提升和排放标准的日益严格，船舶业面临着减少污染排放的巨大挑战。为了应对这一挑战，航运企业正在积极采用先进的控制技术和燃料改良措施，以降低氮氧化物和硫氧化物的排放。这些技术的应用，不仅有助于减少环境污染，还推动了航运业的可持续发展。

1. 控制技术

选择性催化还原技术是一种高效的 NOx 减排方法。SCR 系统通过在排气系统中添加尿素溶液，使氮氧化物与尿素在催化剂的作用下发生化学反应，最终转化为无害的氮气和水蒸气。这一过程可以显著减少 NOx 排放量，减排效率通常可达 90% 以上，确保船舶排放符合严格的环保标准。SCR 系统结构相对简单，运行可靠，核心部件包括尿素喷射系统、催化剂和控制系统。由于没有复杂的机械运动部件，SCR 系统的故障率较低，维护成本较为合理。无论是大型货轮还是小型游艇，SCR 技术都能适应并稳定运行，展现出强大的可靠性。此外，SCR 技术不仅适用于柴油发动机，还能应用于汽油发动机等多种内燃机类型，具有广泛的应用前景。其灵活性使其能够在各种船舶上使用，无论是新建船舶还是现有船舶的改造，都可以通过安装 SCR 系统实现 NOx 排放的显著减少。

排气再循环（EGR）技术则是通过将一部分废气重新引入发动机的进气道中，降低燃烧室内的氧气浓度和燃烧温度，从而减少 NOx 的生成。EGR 系统的减排效率可达 50% 以上，虽然不如 SCR 技术的减排效果显著，但也能够大幅减少 NOx 排放。EGR 技术不仅能够减少 NOx 排放，还能优化燃油燃烧过程，提高发动机的燃油效率。通过再循环部分废气，使燃烧过程更加平稳，燃油利用率得到提升，从而减少燃油消耗，降低运营成本。除了有效减少 NOx 排放，EGR 技术还能够降低颗粒物和一氧化碳（CO）的排放，使得 EGR 技术在综合排放控制方面具有显著优势，全面提升船舶的环保性能。

2. 燃料改良

低硫燃料的应用显著降低了硫氧化物的排放。硫氧化物是形成酸雨的主要成因之一，对环境和生态系统有着深远的负面影响。通过使用低硫燃料，船舶排放的硫氧化物大幅减少，减轻了酸雨的形成，保护了海洋和陆地生态环境。此外，减少硫氧化物排放还有助于提高空气质量。港口和沿海地区因船舶排放面临严重的空气污染问题，低硫燃料的使用减少了这些区域的污染物排放，提高了空气质量，进而保护了居民的健康，减少了呼吸道疾病的发病率。NOx 还原剂的添加过程非常简单，易于在现有船舶燃料系统中实施。这种技术不需要复杂的设备改造，船舶运营方可以以较低的成本实现 NOx 减排目标。NOx 还原剂通常无毒无害，对环境没有负面影响。以尿素溶液为例，它不仅对人体无害，还能通过简单的化学反应将有害的 NOx 转化为无害的氮气和水蒸气，充分体现了环保减排的理念。这种环保的减排措施符合国际环保标准，推动了绿色航运的发展。

通过采用低硫燃料和添加 NOx 还原剂，船舶排放的 SOx 和 NOx 得到了显著减少。这不仅有助于提高空气质量，保护居民健康，还推动了燃料技术的创新和环保技术的发展。未来，随着环保要求的进一步提高，低硫燃料和 NOx 还原剂的应用将更加广泛，船舶业将在减少污染排放、保护环境和推动可持续发展方面发挥更重要的作用。

（二）硫氧化物

1. 采用低硫燃料

低硫燃料，如低硫燃料油和液化天然气，是替代高硫燃料的一种有效方式。低硫燃料油是通过降低燃料中的硫含量来减少排放的一种方法。其主要优势在于含硫量较低，能够显著减少船舶排放的硫氧化物。使用低硫燃料油不仅有助于满足国际海事组织的限硫令要求，还能减少酸雨的形成，同时保护海洋和陆地生态环境。液化天然气作为清洁能源的应用正在逐渐增加。LNG 不含硫，是一种环保的燃料选择。使用 LNG 作为船舶燃料，不仅能够完全消除硫氧化物排放，还能大幅减少氮氧化物和颗粒物的排放，进一步提高空气质量。LNG 的应用有助于减少港口和沿海地区的空气污染，保护居民健康，减少呼吸道疾病的发病率。

LNG 燃料的应用还推动了燃料技术的创新和发展。为了满足不断增长的环保要求，燃料生产企业和船舶运营商不断研发和推广更加环保的燃料和技术。这不仅为航运业提供了更多环保选择，还带动了相关产业的发展，推动了整个环保技术领域的进步。低硫燃料和 LNG 的应用，不仅在减少污染排放方面具有显著效果，还在提高船舶运营效率和降低运营成本方面具有潜力。尽管初期投资较高，但随着技术的成熟和应用的普及，低硫燃料和 LNG 的成本将逐渐下降，带来长期的经济效益。

2. 排放气洗涤装置

排放气洗涤装置有利用海水对排放气体进行清洗，从而去除其中的硫氧化物和其他污染物。该技术通过将排放气体通过一个装有海水的洗涤塔，海水中的碳酸钙与 SOx 发生反应，生成无害的硫酸钙，从而达到去除 SOx 的目的。这种装置的优势在于其操作简单、成本相对较低，且可在船舶上比较方便地安装和维护。

　　排放气洗涤装置操作简单，适合各种类型和规模的船舶。其基本原理是利用海水的自然碱性中和排放气体中的酸性物质，从而实现 SO_x 的去除。整个过程无须复杂的化学试剂或高科技设备，操作人员只需进行日常维护和监控，便可确保洗涤装置的正常运行。排放气洗涤装置的成本相对较低。尽管初期安装需要一定的投资，但相对于低硫燃料的长期使用成本，洗涤装置具有明显的经济优势。使用排放气洗涤装置，船舶可以继续使用传统的高硫燃料，而不必承担高昂的低硫燃料费用，从而在降低运行成本的同时，实现环保目标。

　　排放气洗涤装置在船舶上的安装和维护相对比较方便。现代洗涤装置设计紧凑，能够适应各种船型的空间要求。安装过程中，只需对排放系统进行适当的改造，不会对船舶的整体结构和运行产生重大影响。维护方面，洗涤装置的主要部件均可在船上进行检查和更换，避免了频繁的停船检修和昂贵的维护费用。

3. 脱硫塔

　　脱硫塔采用干燥法去除排放气体中的硫氧化物，通常通过化学吸收或吸附等方式，将 SO_x 捕获并转化为无害的物质，实现排放的净化。脱硫塔的工作原理是将含有 SO_x 的废气引入塔内，通过与吸收剂或吸附剂的接触反应，将 SO_x 从气体中分离出来，形成无害的副产品，如硫酸钙或硫酸钠。这种方法不仅能高效地去除 SO_x，还能减少其他有害物质的排放，从而达到净化排放的目的。尽管脱硫塔的安装和运行成本较高，但其在排放控制方面效果显著。首先，脱硫塔的脱硫效率通常能达到 90% 以上，能够有效降低船舶排放的 SO_x 含量，满足国际海事组织及其他环保法规的严格要求。其次，脱硫塔的设计和操作技术相对成熟，能够适应各种类型和规模的船舶，为航运企业提供可靠的排放控制解决方案。

　　脱硫塔在船舶排放控制中的应用，不仅对环境保护具有重要意义，还对航运企业的可持续发展产生积极影响。通过安装脱硫塔，船舶可以继续使用传统的高硫燃料，而无须转向昂贵的低硫燃料，从而在降低运营成本的同时，实现环保目标。虽然初期投资较高，但长期来看，脱硫塔的应用能够显著减少燃料成本，提高经济效益。脱硫塔的应用还推动了相关技术的发展和创新。随着环保要求的不断提高，脱硫技术需要不断升级，以应对更严格的排放标准和环境保护要求。这不仅促进了脱硫塔技术的进步，也带动了整个环保设备行业的发展，为更多的工业领域提供了先进的排放控制解决方案。

（三）颗粒物

颗粒物是柴油发动机排放的主要污染物之一，对空气质量和人类健康构成严重威胁。为有效减少颗粒物排放，颗粒物过滤器（DPF）作为一种高效的排放控制设备，逐渐被广泛应用于船舶排放治理中。颗粒物过滤器通过捕捉和存储柴油发动机排气中的颗粒物，避免其直接排放到大气中。其工作原理是，排气通过 DPF 时，颗粒物被过滤器捕获并存储在滤芯中，从而实现颗粒物的截留和减少。捕集的颗粒物通过定期再生过程被氧化和清除，确保过滤器的长期有效性。再生过程常通过高温燃烧或催化反应，将捕集的颗粒物转化为二氧化碳和水蒸气，恢复过滤器的过滤能力。

颗粒物过滤器在船舶排放控制中的应用具有显著优势。首先，DPF 能够显著减少柴油发动机排气中的颗粒物排放，减排效率通常可达 90% 以上。这对于提高港口和沿海地区的空气质量，保护居民健康，减少呼吸道疾病的发病率具有重要意义。其次，DPF 的结构设计和工作原理相对简单，适用于各种类型的船舶发动机，安装和维护方便。船舶运营方只需进行定期检查和再生操作，便可确保 DPF 的正常运行。此外，颗粒物过滤器还具有良好的经济性和环保效益。尽管初期安装需要一定的投资，但相对于长期的环境治理成本和健康损害赔偿，DPF 的应用显然更加经济可行。通过减少颗粒物排放，船舶可以更好地落实国际海事组织及其他环保法规的要求，避免因超标排放而受到经济处罚和运营限制。

（四）二氧化碳

1. 航速优化

航速与燃料消耗之间存在显著关系。一般而言，船舶速度越快，燃料消耗量越大。这是因为高速航行时，船舶需要克服更大的水阻力，从而需要更多的燃料来维持速度。因此，通过优化航速，即根据船舶类型、货物载重和航行条件选择最佳航速，可以显著降低燃油消耗。实践证明，适当降低航速可以大幅减少燃料消耗，从而降低运营成本。

燃油消耗的减少直接带来 CO_2 排放的减少。燃料燃烧是船舶排放二氧化碳的主要来源，而减少燃料消耗意味着减少碳排放。优化航速不仅能够显著降低船舶的碳足迹，还能帮助航运公司遵守国际海事组织和各国政府制定的环保法规和排放标准。尤其是在全球致力于减少温室气体排放的背景下，优化航速成为减少碳排放的有效措施之一，对实现航运业的可持续发展具有重要意义。

优化航速还具有显著的成本效益。通过降低燃料消耗，航运公司可以大幅减少燃料支出，这是航运业的一项重要运营成本。此外，优化航速有助于减少发动机和其他设备的磨损，延长其使用寿命，进一步降低维护和更换成本。总之，优化航速不仅有助于环保，还能提高航运公司的经济效益，使其在激烈的市场竞争中占据有利地位。

2. 节能技术

轮毂节能装置的原理主要在于对螺旋桨及其周边流场进行优化设计。传统的螺旋桨在推进过程中，会因为叶片的旋转而在其后方形成漩涡，导致能量的损失。而轮毂节能装置通过在螺旋桨的轮毂（螺旋桨与船体连接的部分）上安装一系列的叶片或流线型结构，能够有效地减少这些漩涡的形成，从而减少能量损失。此外，这些装置还可以优化螺旋桨的流场分布，使推进效率得到显著提高。通过这些技术手段，轮毂节能装置能够使船舶在相同功率输出下实现更高的推进效率。

安装轮毂节能装置的效果显著，具体表现在燃油消耗和CO_2排放的双重降低。首先，推进效率的提高意味着船舶在相同航速下所需的推进功率减少，从而减少燃油的消耗。节省的燃油不仅直接降低了运营成本，而且减少了燃烧过程中产生的二氧化碳排放。根据实际应用数据，安装轮毂节能装置后，船舶的燃油消耗可以降低 5% ~ 10%，相应的 CO_2 排放也会大幅减少。这对于提高空气质量和减少温室气体排放具有重要意义。此外，轮毂节能装置还具有经济高效的特点。与其他节能技术相比，轮毂节能装置的安装和维护成本相对较低，且安装过程对船舶正常运营的影响较小。由于其显著的节能效果和较低的成本投入，轮毂节能装置在航运业中具有广泛的应用前景。对于航运公司来说，通过安装轮毂节能装置，不仅可以实现节能减排目标，还能提高经济效益，增强市场竞争力。

二、控制污染物排放的措施

（一）使用低硫燃料和清洁燃料

自 2020 年起，国际海事组织实施了全球限硫令，要求船舶使用含硫量不超过 0.5% 的燃料，以减少硫氧化物的排放。这一举措标志着航运业在环境保护方面迈出了重要的一步，为减少空气污染和改善海洋生态环境作出了积极贡献。全球限硫令的实施对船舶运营产生了深远影响。传统的高硫燃料在船舶引擎中燃烧时会产生大量的硫氧化物，对大气和海洋环境造成严重污染。

限制船舶使用高硫燃料，意味着航运企业需要转向更清洁的燃料，以满足环保要求。在这一背景下，LNG 作为一种清洁燃料，逐渐成为船舶燃料的重要选择。相比传统燃料，LNG 燃烧产生的硫氧化物、氮氧化物和颗粒物排放极低，几乎可以做到零排放，符合全球限硫令的要求。

液化天然气的崛起不仅改变了船舶燃料的选择，也推动了航运业的技术革新和发展。越来越多的船舶开始采用 LNG 作为主要燃料，新建船舶更是倾向于选择 LNG 动力。为了适应这一变革，船舶设计和建造领域也在不断创新，开发出了更适合 LNG 燃料的船舶类型和动力系统。此外，LNG 基础设施的建设也在全球范围内加速推进，包括 LNG 加气站和 LNG 供应船，为船舶提供便捷的加注服务。随着船舶燃料的转型和技术的进步，航运业正迎来一个新的发展时代。未来，随着环保意识的不断提高和国际环保法规的进一步加强，LNG 作为清洁燃料的地位将更加巩固，船舶业也将更加环保、可持续地发展，为我们的地球家园带来更清洁、更美好的未来。

（二）安装废气处理系统

随着全球环境保护意识的增强和国际环保法规的日益严格，船舶排放的氮氧化物和硫氧化物对大气和海洋环境造成了严重污染。为了减少这些有害物质的排放，船舶可以采用选择性催化还原系统和洗涤器（Scrubber）等先进技术。这些技术不仅能够有效减少污染物的排放，还能够确保船舶运营符合国际环保标准。选择性催化还原系统是一种高效的氮氧化物控制技术。SCR系统通过化学反应将废气中的氮氧化物转化为无害的氮气和水。具体而言，SCR 系统在废气中加入还原剂（如氨或尿素），通过催化剂的作用，使氮氧化物与还原剂发生反应，生成氮气和水蒸气。这个过程不仅能显著降低氮氧化物的排放量，还能有效减少对大气的污染。SCR 系统的应用，不仅符合国际海事组织对氮氧化物排放的限值要求，还对提高空气质量、保护环境具有重要意义。

洗涤器是控制硫氧化物排放的关键设备。船舶燃烧高硫燃料时，会产生大量的硫氧化物，这些物质不仅对空气质量有害，还会导致酸雨，严重影响生态环境。洗涤器通过将废气引入洗涤塔，与洗涤液（通常是海水或碱性溶液）接触，利用化学反应去除废气中的硫氧化物，生成硫酸盐等无害物质，然后将处理后的气体排放到大气中。洗涤器的应用，可以使船舶在使用高硫燃料时，仍然能够符合 IMO 的限硫标准，降低硫氧化物的排放量，减少对环境的污染。

选择性催化还原系统和洗涤器技术的结合使用，能够全面控制船舶排放的氮氧化物和硫氧化物，确保排放符合国际环保标准。这两项技术的应用，不仅提升了船舶的环保性能，还促进了航运业的可持续发展。为了推动这两项技术的普及，航运企业需要加强技术研发和投资，不断优化和改进设备，提高排放控制效果。同时，政府和国际组织也应加强监管和引导，制定和实施更加严格的环保法规和标准，推动航运业向绿色、低碳方向发展。

（三）优化航行和操作

智能航行系统通过集成卫星导航、气象数据、船舶状态和航线规划等信息，为船舶提供了精准的航行指导。基于实时数据和预测模型，智能航行系统能够快速分析海况和气象条件，为船舶选择最优航线，避开危险区域和恶劣天气，从而提高航行的安全性。与传统的手工航行相比，智能航行系统能够更有效地利用船舶的能源，减少不必要的航行时间和里程，降低燃料消耗和排放。

大数据分析技术则为船舶排放的控制和减少提供了有力支持。通过收集和分析船舶的运行数据、发动机参数、油耗情况等信息，大数据分析系统可以识别出潜在的节能和减排机会。例如，通过分析船舶在不同速度和负荷条件下的油耗数据，可以确定最佳的航行速度和负荷参数，从而实现燃料消耗和排放的最优化。此外，大数据分析还能够识别出船舶运行中的异常情况和问题，及时调整航行策略和发动机参数，减少能源浪费和污染排放。

智能航行系统和大数据分析技术的应用，不仅提升了船舶的经济效益和竞争力，还为船舶环保作出了积极贡献。通过减少燃料消耗和排放，船舶可以降低经营成本，提高运营效率。同时，减少污染物排放还有助于改善海洋和大气环境，保护生态系统和人类健康。因此，智能航行系统和大数据分析技术的推广和应用，是航运业实现可持续发展的重要举措。

三、治理污染物排放的创新技术

（一）开发新型环保燃料

1. 氢能：清洁高效的未来燃料

氢能被认为是未来最具潜力的清洁燃料之一。作为一种高能量密度、零排放的燃料，氢气在燃烧过程中只产生水，不会产生任何污染物。这一特性使得氢能成为船舶行业减少碳排放的理想选择。目前，许多国家和企业已经开始投资研发氢能船舶和相关技术，如氢燃料电池系统。这些技术的应用，不仅能大幅降低船舶运营的环境影响，还能提高能源利用效率。尽管氢能的前景广阔，但其在船舶行业的广泛应用仍面临一些挑战，如氢气的储存和运输技术尚未完全成熟，氢燃料电池的成本较高等。随着科技的不断进步和规模效应的显现，这些问题有望在未来得到解决，使氢能在船舶行业得到更广泛的应用。

2. 甲醇：灵活实用的替代燃料

甲醇是一种具有良好燃烧性能的液体燃料，可以通过多种途径产生，包括天然气、煤炭和生物质。与传统燃料相比，甲醇的燃烧过程产生的二氧化碳和氮氧化物较少，同时不会产生硫氧化物和颗粒物，因此具有较好的环保性能。甲醇的另一个优势在于其液态形态，使其在存储和运输方面较为便捷，可以利用现有的燃料基础设施进行推广应用。目前，已有一些船舶开始尝试使用甲醇作为燃料，并取得了良好的效果。随着甲醇生产技术的进步和成本的降低，甲醇有望成为一种经济实用的替代燃料，广泛应用于船舶行业。

3. 生物燃料：可再生的绿色能源

生物燃料是通过生物质（如植物油、动物脂肪和农业废弃物）加工制成的可再生燃料。与化石燃料相比，生物燃料的碳排放显著降低，甚至可以实现碳中和。生物燃料的应用，不仅能够减少船舶的碳排放，还能促进农业废弃物的循环利用，具有重要的环保和经济意义。在船舶业中，生物燃料的应用已经开始试点推广。例如，一些船舶公司已经开始使用生物柴油进行试航，结果显示，这种燃料不仅在性能上与传统燃料相当，而且在环保效益上具有明显优势。随着生物燃料生产技术的成熟和供应链的完善，生物燃料在船舶行业的应用前景广阔。

新型环保燃料的应用，将为船舶业带来革命性的变化。随着氢能、甲醇和生物燃料技术的不断进步，船舶业将能够大幅减少碳排放，提升能源利用效率，推动行业向绿色、可持续方向发展。同时，政策支持和国际合作也将为新型环保燃料的推广应用提供有力保障。各国政府和国际组织应加强合作，制定统一的技术标准和法规，推动环保燃料在全球范围内的普及应用。在这个过程中，航运企业需要积极投入研发和应用新型环保燃料技术，不断探索和实践，积累经验和成果。同时，社会各界也应关注和支持这一进程，共同推动船舶行业的绿色转型。

（二）船舶能效管理

在全球气候变化和环境保护日益紧迫的背景下，船舶业正面临着巨大的挑战和机遇。为了减少船舶的碳排放和提高燃油效率，国际海事组织推出了一系列重要措施，其中能效管理系统、能效设计指数（EEDI）和船舶能效管理计划（SEEMP）成为推动船舶业向高能效、低排放方向发展的关键工具。

1. 能效管理系统

能效管理系统通过实时监控和优化船舶的能源使用，显著提高燃油效率，减少排放。EMS 系统整合了多种先进技术，包括数据采集、分析和智能控制，能够实时监测船舶的运行状态和能源消耗情况。通过分析这些数据，EMS 系统可以识别出能源浪费的环节，提出优化建议，从而实现能源使用的最大化效率。例如，EMS 可以根据当前的航行条件和负荷情况，动态调整发动机的运行参数，优化航速和航线，减少不必要的燃油消耗。EMS 系统的应用，不仅能够降低运营成本，还能显著减少温室气体和其他污染物的排放，对环境保护具有重要意义。随着技术的不断进步，EMS 系统将变得更加智能和高效，为船舶业的绿色发展提供强有力的支持。

2. 能效设计指数

EEDI 是 IMO 推出的一项强制性措施，旨在通过设定能效标准，推动新建船舶采用更加高效的设计。EEDI 规定，新建船舶必须达到一定的能效标准，即每吨位货物每海里运输的二氧化碳排放量不得超过规定的限值。这一指标促使船舶制造商在设计和建造过程中，采用先进的节能技术和材料，以提高船舶的燃油效率和环境性能。EEDI 的实施，对船舶业的技术创新起到了重要的推动作用。为了满足 EEDI 的要求，船舶制造商不断研发和应用新技术，如优化船体线型、使用轻质材料、采用更高效的发动机和推进系统等。这些技术的应用，不仅提高了新建船舶的能效水平，也为现有船舶的改造和升级提供了参考和借鉴。

3. 船舶能效管理计划

船舶能效管理计划是另一项由 IMO 推出的重要措施，旨在通过系统化的管理和操作，全面提升船舶的运营能效。SEEMP 要求每艘船舶制订并实施具体的能效管理计划，包括目标设定、措施落实、效果评估和持续改进。SEEMP 的核心思想是通过良好的管理和操作，最大限度地减少燃油消耗和排放，实现经济效益和环境效益的双赢。SEEMP 的实施，促使航运企业在运营管理中更加注重节能和环保。例如，通过优化航线和航速、加强维护保养、合理配置载货量等措施，航运企业可以有效降低燃油消耗，减少污染物排放。此外，SEEMP 还强调船员的培训和意识提升，确保能效管理措施在实际操作中得到有效落实。

能效管理系统、能效设计指数和船舶能效管理计划共同构建了一个全面、系统的船舶能效提升体系。这些措施的实施，不仅推动了船舶行业技术创新和管理升级，还为全球航运业向高能效、低排放的方向发展奠定了坚实基础。随着技术的不断进步和环保意识的进一步增强，船舶行业的能效水平将不断提高。各国政府和国际组织应继续加强合作，完善相关法规和标准，推动新技术的研发和应用。同时，航运企业也应积极响应，投入更多资源和精力，提高船舶的能效管理水平，履行环境责任。

（三）电动和混合动力船舶

电动和混合动力船舶逐渐进入市场，为航运业的可持续发展注入了新的动力。这些船舶在港口操作和短途航行时可以使用电力驱动，显著减少排放，降低对环境的影响。电动和混合动力船舶不仅体现了科技进步的成果，也代表了航运业向绿色、低碳转型的重要方向。

1. 电动船舶

电动船舶依靠电池储存的电能驱动，在运行过程中不排放任何污染物，是实现零排放的理想选择。近年来，随着电池技术的快速发展，电动船舶的续航能力和性能大幅提升，已在短途航行和港口操作中展现出明显优势。例如，一些港口拖船和渡轮已经开始采用纯电动驱动系统，不仅运行安静、零排放，还能大幅降低燃油成本和维护费用。电动船舶的应用，不仅有助于减少温室气体和污染物排放，提高港口和沿海地区的空气质量，还能降低噪声污染，提高居民的生活质量。同时，电动船舶可以通过使用可再生能源充电，实现全生命周期的绿色环保，进一步推动航运业的可持续发展。

2. 混合动力船舶

混合动力船舶结合了电动和传统燃油驱动的优点，通过智能控制系统，根据实际需要灵活切换动力模式。在港口操作和短途航行时，混合动力船舶可以使用电力驱动，减少排放；在远洋航行时，则可切换到燃油驱动，确保航行的续航能力和速度。这种灵活高效的动力方案，使得混合动力船舶在环保性能和运营效率之间实现了良好的平衡。混合动力技术在各种类型的船舶中得到广泛应用，如邮轮、货轮和工作船等。这些船舶在进出港口时采用电力驱动，避免了大量污染物在港口区域的排放；在远洋航行时，通过优化燃油消耗，降低整体碳足迹。混合动力船舶的推广应用，不仅能有效减少航运业的环境影响，还能提高运营效率和经济效益。

3. 技术进步

电动和混合动力船舶的广泛应用，离不开电池技术和能源管理系统的不断突破。近年来，锂离子电池、固态电池等新型电池技术的发展，大幅提升了电池的能量密度、安全性和使用寿命，为电动船舶提供了可靠的能源保障。同时，先进的能源管理系统能够智能调配电能的使用，优化能源效率，延长电池寿命，确保船舶在各种工况下的高效运行。此外，船舶充电基础设施的建设和智能充电技术的应用，也为电动和混合动力船舶的发展提供了有力支持。例如，快速充电技术和无线充电技术的推广应用，使得电动船舶的充电更加便捷高效，提升了船舶运营的灵活性和便捷性。

各国政府和国际组织应继续加强政策支持和技术研发，推动电动和混合动力船舶的普及应用。例如，通过制定和实施更加严格的排放标准，鼓励船舶运营企业采用环保动力技术；通过资助和奖励，支持相关技术的研发和创新；通过建设和完善充电基础设施，提升电动船舶的运营便捷性和可靠性。同时，航运企业也应积极响应，投入资源和精力，加快船舶动力系统的升级改造，提高运营管理水平。例如，通过优化航线规划和运营调度，最大化电力驱动的使用，减少燃油消耗和排放；通过定期培训和宣传，提升船员的环保意识和操作技能，确保环保措施在实际操作中的落实。

第 8 章

数据分析与优化

大数据分析在船舶自动化中的应用

随着信息技术的快速发展，大数据分析在各行各业中发挥着越来越重要的作用。在海运行业，船舶自动化的发展极大地提高了航运效率、降低了运营成本，并增强了安全性。大数据分析技术在船舶自动化中的应用尤为显著，为现代航运提供了强有力的技术支持。

一、船舶性能优化

（一）实时数据监测与分析

在现代航运业中，利用大数据技术对船舶运行数据进行实时监测和分析，已经成为提高船舶运营效率和减少环境污染的重要手段。船舶在航行中，速度、燃油消耗、发动机状态等参数会不断变化。通过在船舶上安装各种传感器，这些数据可以被持续采集，并通过数据传输系统实时发送到监控中心。实时数据监测不仅能够提供船舶当前的运行状态，还能为后续的分析提供详尽的数据支持。

大数据分析技术则是优化船舶运行参数的关键。通过对实时监测到的数据进行分析，可以识别出影响燃油效率的关键因素，并提出优化方案。例如，通过分析速度和燃油消耗之间的关系，可以找到最经济的航速；通过监测发动机的运行状态，可以发现潜在的故障或效率低下的问题，及时进行维护或调整。此外，大数据分析还可以结合天气、海况等外部数据，为船舶提供最佳的航行路线，进一步提高燃油效率。优化运行参数不仅能够提高燃油效率，还能显著减少排放。航运业是全球温室气体排放的重要来源之一，减少燃油消耗意味着减少二氧化碳等温室气体的排放。通过优化航速、维护发动机、选择最佳航线等措施，船舶不仅能节约燃油成本，还能降低对环境的影响，符合国际海事组织等机构对船舶排放的严格要求。通过持续监测发动机等关键设备的状态，可以提前发现异常，预防潜在的故障。

（二）故障预测与预防

故障预测与预防是确保船舶设备高效运行、减少停航和维修成本的关键策略。通过分析历史运行数据和故障记录，可以建立船舶设备的故障预测模型，提前预警潜在故障，并进行预防性维护。

1. 分析历史数据建立故障预测模型

历史数据的收集是故障预测模型建立的基础。这些数据涵盖了设备在不同工况下的运行参数、传感器监测数据、故障发生时间和原因等信息。例如，发动机的运行温度、转速、润滑油压力，船体的振动频率、水位等参数都是重要的历史数据。利用大数据技术对历史数据进行分析和处理。这包括数据清洗、特征提取、关联分析等步骤。数据清洗用于处理数据中的噪声和异常值，确保数据质量可靠；特征提取则是从历史数据中提取与故障相关的特征参数，如运行状态的变化趋势、异常波动等；关联分析则是探索不同参数之间的关系，找出可能导致故障的关键因素。

常用的算法包括决策树、支持向量机、神经网络等。这些算法能够基于历史数据的特征和标签（是否发生故障），学习出模型的参数和规律。通过不断地训练和优化，模型能够逐渐提升预测的准确性。将模型应用于实际数据中，观察其预测效果，并进行模型的评估和调整。根据验证结果，不断优化模型的算法和参数，提高其预测精度和稳定性。

2. 提前预警与预防性维护

一旦故障预测模型检测到潜在的故障风险，船舶健康管理系统会立即发出预警，将相关信息通知船舶管理人员。这些预警信息包括可能发生故障的设备、预测故障的类型和发生的概率等关键信息，为船舶管理人员提供了及时而准确的预警。

预警的目的在于提前发现潜在问题，并采取预防性维护措施，以避免故障的发生或减轻故障对船舶运行的影响。船舶管理人员可以根据预警信息，制订相应的预防性维护计划和措施。预防性维护的重要性在于避免设备突发故障造成的停航和损失，保障船舶的安全运行和船员的生命财产安全。及时的预警和预防性维护措施，不仅可以降低维修成本和停航时间，延长设备的使用寿命，还能提高船舶运行的稳定性和可靠性。

3. 减少停航和维修成本

通过提前预警和预防性维护，船舶管理人员可以有效减少因设备故障而导致的停航和维修成本，从而提高船舶的运行效率和经济效益。突发故障往往意味着紧急维修和停航，这不仅会带来维修成本的增加，还可能导致航运计划的延误和经济损失。例如，在航行过程中发生主机故障或舵机故障，如果没有预警系统提前发现并采取预防性维护措施，船舶可能需要长时间停泊在港口进行维修，影响航线的正常运行，增加了停泊费用、人工费用和货物损失等成本。

相比之下，预防性维护则是在故障发生前有计划地进行维护工作。通过故障预测模型的预警，船舶管理人员可以及时发现潜在的故障风险，采取相应的预防性维护措施，避免了因突发故障带来的不确定性和高昂的紧急维修费用。这种有计划的维护工作可以在船舶运行的间隙进行，不影响正常的航行计划，降低了停泊费用和维修成本。定期维护和及时更换易损件也是降低维修成本的重要措施。定期检查和维护设备，及时更换磨损严重的零部件，可以提高设备的可靠性和运行效率，减少了设备故障的发生概率，进一步降低了运营成本和维修费用。

二、航线优化

（一）航线规划与优化

大数据分析借助气象数据，可以实时监测和分析天气状况，包括风速、风向、海浪高度等。结合海洋数据，可以了解海洋的潮汐、洋流、水温等情况。通过对这些数据的综合分析，可以识别恶劣天气和高风险海域，为船舶规划避开这些区域的最佳航线。历史航行数据的分析也是航线规划与优化的重要依据。通过对历史航行数据的挖掘和分析，可以了解不同航线的航行时间、燃油消耗、海况情况等信息。基于这些数据，可以优化航线规划，选择最经济、最安全的航线，从而缩短航程时间、降低燃油消耗。大数据分析还可以结合实时航行数据，对航线进行动态调整和优化。例如，根据船舶当前的位置和运行状态，实时调整航线，避开突发性风暴或其他海上危险情况，确保船舶的安全航行。

（二）动态航线调整

1. 实时监测海况和天气情况

在航行过程中，实时监测海况和天气情况是确保船舶安全航行的关键环节。通过实时监测海况和天气情况，船舶管理人员可以及时获得当前的海况和天气信息。海况方面，监测设备可以准确测量海浪的高度、频率和方向，洋流的速度和方向等。这些数据对于船舶的航行安全至关重要，可以帮助船员预测海况变化，作出相应的调整和决策。

在天气方面，监测设备能够实时监测风速、风向、气压等气象要素。这些信息对于船舶的航行规划和动态调整至关重要。例如，在遇到强风或风暴的情况下，船舶管理人员可以及时调整航线，避开恶劣天气区域，保障船舶和船员的安全。

这些实时数据不仅传输到船舶的控制系统，同时传输到岸基数据中心，供相关部门和船舶管理人员进行监测和分析。这种实时监测海况和天气情况的机制，为船舶管理提供了更加准确和全面的信息支持，有助于提高船舶的航行安全性，降低航行风险，提高航行效率。

2. 数据分析与航线优化

通过大数据分析和人工智能技术，对实时监测的数据进行分析，系统能够为船舶提供优化的航线建议。这些分析不仅考虑当前的海况和天气，还结合历史数据和预测模型。例如，在风速过大、海浪较高的区域，系统可以建议避开这些高风险区域，选择更加平稳、安全的航线；在有利于洋流的区域，系统则可以建议利用洋流的推动力，减少燃油消耗，提高航行效率。数据分析与航线优化能够帮助船舶在复杂的航行环境中，找到最佳的航行路径。

3. 动态调整航线

根据实时监测和数据分析结果，船舶可以动态调整航线，确保航行的安全性和效率。在航行过程中，系统会持续监测海况和天气变化，及时更新航线优化建议。船舶管理人员可以根据系统提供的最新信息，灵活调整航线，避开恶劣天气和海况。例如，遇到突发的风暴或海浪，系统会立即提供新的航线，建议帮助船舶迅速调整航行方向，避开危险区域。动态调整航线不仅能提高航行的安全性，减少因恶劣天气造成的风险，还能优化航行时间和燃油消耗，提高整体航行效率。

三、物流与供应链管理

（一）货物装载优化

大数据分析可以结合货物属性、重量、体积等信息，以及船舶的结构、稳定性等因素，制订最佳的货物装载方案。通过合理分配货物的位置和数量，可以实现船体的均衡负荷，避免船体出现倾斜或不平衡的情况。这对于船舶的航行稳定性和安全性至关重要，可以减少因不平衡负荷导致的倾斜、侧翻等意外情况的发生。大数据分析还可以考虑船舶在不同航行条件下的性能和稳定性。通过模拟不同装载方案在各种海况下的表现，可以选择最优的货物装载方案，确保船舶在航行过程中保持良好的稳定性和操控性。这种精细化的装载优化可以最大限度地提高船舶的航行效率和安全性。此外，大数据分析还可以实现对货物装载过程的实时监测和调整。通过船舶上的传感器和监测设备，可以实时获取货物装载情况，监控船体的状态和稳定性。一旦发现不正常情况，系统可以立即发出警报，并提供相应的调整建议，确保货物装载的安全和合理性。

（二）供应链可视化

1. 实时跟踪货物位置

大数据技术的发展使得供应链的全程可视化成为现实，其中一个关键方面就是实时跟踪货物的位置。通过在货物上安装 GPS 定位设备和 RFID 标签等技术，可以实现对货物位置的实时监测和跟踪。这些设备可以精确记录货物所处的经度、纬度信息，甚至包括高度和速度等数据，通过网络将这些信息传输到供应链管理系统。管理者可以通过供应链管理系统随时查看货物在运输过程中的具体位置。例如，货物从仓库出发到达港口，然后装载到运输船只，再从目的地港口到达最终交付地点，每一步都可以被实时追踪和记录。这种实时跟踪货物位置的机制带来了诸多好处。首先，实时跟踪能够有效防止货物丢失或被盗，因为管理者可以随时监控货物的位置，一旦发现异常情况，可以立即采取行动。其次，实时跟踪提高了货物运输的透明度和可追溯性，管理者可以清晰了解货物的运输路径和历史轨迹，有助于分析和优化供应链的运作效率。此外，实时跟踪也有助于提前预警可能出现的延误或问题，及时调整计划，避免影响货物的交付时间。

2. 监测运输状态

在供应链可视化中，除了实时跟踪货物的位置，还包括对货物运输状态的实时监测。监测货物在运输过程中的环境数据对于货物的安全和质量保障至关重要。例如，对于一些易腐、易损或需要特殊环境条件的货物，如食品、药品等，可以通过监测温度和湿度等数据，确保货物在适宜的环境条件下运输，避免货物因环境问题而损坏或腐败。通过大数据分析技术，可以实时识别出环境数据异常,发出预警并及时采取措施,保障货物的安全和质量。对于船只的航行速度、航线、燃油消耗等数据的实时监测,可以帮助管理者了解运输工具的运行情况,及时发现问题并进行调整。大数据分析,可以优化船只的航行路线,节约燃油消耗,提高运输过程的效率和经济性。

3. 预测到港时间

利用大数据技术,可以精准预测货物的到港时间。通过对历史运输数据、实时位置数据、天气状况和海况等多种因素进行综合分析,系统能够预测货物在运输过程中的各个环节所需的时间。例如,系统可以根据当前航行速度和天气预报,估算船只到达目的港的时间,进而预测货物的最终交付时间。这样,管理者和客户可以更好地安排后续的物流和生产计划,减少等待时间,提高整体供应链效率。

4. 提高物流管理效率

实时跟踪和监测货物的位置和状态,使得管理者能够对整个供应链进行全程监控。他们可以随时查看货物的实时位置、运输状态以及环境数据等信息。这种实时监测能够帮助管理者及时发现运输中的异常情况,如货物受损、丢失或延误等,可以立即采取措施进行处理,避免因问题扩大影响物流运作效率。管理者可以分析历史数据和实时数据,找出运输中的瓶颈和不必要的绕行或等待时间,并有针对性地进行调整和优化。这样可以降低运输成本,提高运输效率,加快货物的到达速度,提高物流管理的整体效率。另外,实时数据的可视化展示也对物流管理效率有所提高。通过将数据以图表、地图等形式清晰呈现,管理者和相关人员可以直观地了解供应链各环节的情况,快速作出决策和调整。这样可以加强供应链各方之间的协同和沟通,提高工作效率,确保物流链条的顺畅运行。

5. 减少货物丢失和延误

大数据技术的应用,显著减少了货物丢失和运输延误的风险。实时跟踪和状态监测,使得任何异常情况都能及时发现和处理,避免货物在运输过程中的丢失或损坏。同时,精准到港时间预测,使得各环节的衔接更加紧密,减少了因信息不对称导致的延误。供应链可视化为物流管理提供了强大的技术支持,保障货物按时、安全地送达目的地,提高了客户满意度和供应链的整体可靠性。

四、船员管理与培训

（一）智能培训系统

智能培训系统是一种基于大数据分析的船员培训系统，它利用先进的技术和算法，为每个船员制订个性化的培训计划，旨在增强培训效果，确保船员能够熟练操作自动化设备。这种智能培训系统首先通过大数据分析，收集和整理船员的相关信息，包括个人背景、工作经验、培训需求等。系统会对这些数据进行分析和比对，深入了解每个船员的特点和培训需求，为其量身定制专属的培训方案。个性化的培训方案通常会考虑到船员的学习能力、工作背景、职责要求等因素。智能培训系统还可以利用虚拟仿真技术，模拟实际工作场景，让船员在虚拟环境中进行实战演练和培训。这种虚拟仿真培训不仅安全可控，还可以有效提高船员的操作技能和应对紧急情况的能力。

（二）船员绩效分析

1. 收集船员操作数据

船员绩效分析的第一步是收集详尽的船员操作数据。这些数据包括船员在航行过程中对各类设备的操作记录、工作日志、执行任务的时间和频率等。通过安装在船舶上的各种传感器和监控设备，能够准确记录船员的操作行为和工作状态。例如，记录船员在操控导航设备、管理发动机和执行安全检查等方面的具体操作。这些数据的收集为后续的分析提供了全面而详细的基础。

2. 分析工作绩效和操作习惯

通过对收集到的操作数据进行分析，可以评估船员的工作绩效和操作习惯。利用大数据和人工智能技术，系统可以对数据进行挖掘和建模，识别出船员在工作中表现出的优点和不足。例如，分析船员在不同情况下的决策质量、任务执行的准确性和效率、遵守操作规程的情况等。通过这些分析，可以了解船员的工作强度、应对紧急情况的能力、设备操作的熟练程度等方面的表现。

3. 提供培训和管理建议

基于绩效分析的结果，可以为船员的培训和管理提供有针对性的数据支持。针对船员在操作过程中暴露出的不足，系统可以建议开展相应的培训课程，提高船员的专业技能和操作水平。例如，针对某些船员在设备操作上的薄弱环节，可以安排专门的操作培训；针对应急反应能力较弱的船员，可以增加紧急情况处理的模拟训练。此外，分析结果还可以用于制定个性化的管理策略，如奖励表现优秀的船员、改进管理制度、优化工作流程等，进一步激发船员的工作积极性和团队合作精神。

（三）紧急情况培训

1. 火灾应急培训

火灾应急培训对船员而言至关重要，因为火灾是船舶航行中最常见且危险的紧急情况之一。船员需要了解船舶火灾的常见原因，如电气故障、机械故障、油料泄漏等。他们需要学习如何正确地使用船上的防火设施，包括灭火器、消防栓、灭火系统等。此外，了解如何正确存放和处理易燃物品，避免火灾发生。他们需要了解船上的火灾报警设备，如烟雾探测器、热感应器等，以及如何正确报警并触发船上的应急响应程序。这包括向船舶控制中心发出警报、通知其他船员和乘客、启动灭火系统等。火灾发生时，船员需要掌握应对策略并迅速采取行动。他们需要知道如何评估火灾的严重程度和蔓延速度，以便作出正确的疏散和灭火决策。船员还需要了解逃生通道和逃生设备的使用方法，确保船上所有人员都能够安全撤离。船员需要参与火灾演练，模拟火灾发生时的应急情况，检验培训效果和应对能力。这种实践性训练可以增强船员的应急反应和处置能力，提高他们在紧急情况下的应对水平。

2. 漏水应急培训

船员需要了解漏水的常见原因和危害。漏水可能是由船体损坏、管道破裂、设备故障或恶劣天气等原因引起。船员需要学习如何及时发现漏水迹象，并对漏水进行初步评估，包括漏水位置、漏水速度、漏水量等，以便采取相应的措施。他们需要了解如何正确使用船上的漏水报警系统，并迅速触发应急响应程序。船员需要了解如何封堵漏水口、启动排水系统、使用抽水设备等，最大限度地减少漏水对船舶的影响。船员需要学习如何与船上其他成员协作，共同应对漏水紧急情况。这包括分工合作、指挥调度、信息传递等，确保整个船员团队能够有序、高效地处理漏水事件，最大限度地减少漏水带来的损失。

此外，漏水应急培训还需要结合实际演练和模拟训练。船员需要参与漏水应急演练，模拟漏水事件的发生，检验培训效果和应对能力。通过实际演练，船员可以更加深入地了解漏水应急处置的流程和技巧，提高应对漏水紧急情况的实际能力。

3. 救生应急培训

救生应急培训包括对各类救生设备的认识和操作。船员需要熟悉救生衣、救生艇、救生圈等设备的存放位置、使用方法以及紧急脱离船舶的步骤。他们需要学会启动和操作救生艇或救生筏，掌握正确穿戴救生衣的方法，并了解如何正确使用救生圈和救生索。船员需要了解船舶的应急逃生程序，包括如何响应紧急警报、前往集合点的方式、逃生通道的使用方法等。他们需要学会如何有序地组织乘员撤离船舶，确保每个人都能够快速到达救生艇或救生筏，并避免发生踩踏和混乱。另外，救生应急培训也包括海上求生技能的培训。船员需要学会在海上保持镇定、节省体力，并掌握海上求生的基本技巧，如寻找淡水、食物和保暖措施等。他们需要了解海上求生装备的使用方法，以及在海上应对各种紧急情况的应对策略。船员需要掌握如何正确进行溺水救援，包括使用救生索、拖曳溺水者到安全位置等技能。他们需要了解在救援过程中的安全注意事项，以及如何有效地与溺水者沟通和合作。

（四）持续发展与学习

航海行业的发展日新月异，涉及的技术、规范和操作流程都在不断更新和完善。船员需要及时了解并掌握这些新知识和新技术，才能够胜任各种复杂的航行任务和应对突发情况。通过持续的进修课程和专业技能培训，船员可以不断提高自己的专业水平，保持在行业中的竞争优势。船员需要掌握和应用各种先进的技术设备，如自动化导航系统、远程监控系统等。这些技术的运用不仅提高了船舶的安全性和效率，也减轻了船员的工作负担。因此，针对这些新技术的培训和学习显得尤为重要，可以帮助船员更好地适应船舶现代化和智能化的发展趋势。此外，持续的学习还可以帮助船员不断提升自身的综合素质，包括领导力、沟通能力、团队合作能力等。这些素质在船员的职业发展和工作中同样十分重要，可以帮助船员更好地协调船舶运营、应对各种挑战和危机。

五、安全管理与应急响应

（一）安全隐患识别

大数据分析系统通过实时监测船舶各项运行数据，如设备工作状态、航行参数、环境条件等，能够发现设备的异常情况。例如，当某个关键设备的运行参数超出正常范围，系统就会立即发出警报，提示船员可能存在故障或安全隐患。这种即时的识别和警示可以帮助船员及时采取措施，防止设备故障进一步发展导致事故。通过对船舶操作数据的分析，系统可以发现潜在的操作问题，如航行路线选择不当、速度控制失误等。系统会对这些问题进行识别和记录，并向船员发出警示，提醒他们注意操作规范和安全程序，减少操作失误导致的事故发生。此外，大数据分析系统还可以结合历史数据和模型预测技术，对未来可能出现的安全隐患进行预测。通过对船舶运行数据的长期积累和分析，系统可以发现一些潜在的趋势和规律，从而预测可能出现的安全问题，并提前采取预防性措施，降低事故发生的可能性。

（二）应急响应优化

当紧急情况发生时，需要迅速收集大量的实时数据。这些数据包括传感器监测到的船舶各个部位的温度、压力、震动、烟雾浓度以及液体泄漏量等信息。这些数据通过网络传输到应急响应系统，为下一步的分析提供基础。大数据技术能够在短时间内处理和分析这些海量数据，迅速判断出紧急情况的性质和严重程度。例如，在发生火灾时，系统会分析火源位置、火势大小和蔓延速度；在泄漏事件中，系统会评估泄漏量及扩散范围。通过构建复杂的模拟模型，系统可以对紧急情况进行实时预测和演练。例如，在火灾情况下，系统可以模拟火势蔓延的路径，预测火焰扩散到各个区域的时间和速度，为船员提供最佳的疏散路线和灭火策略。对于泄漏事件，系统能够模拟液体扩散的路径，评估其可能污染的范围和影响程度，指导船员进行有效的封堵和处理。情景模拟不仅能够提高应急响应的效率，还能帮助船员提前熟悉紧急情况的处理流程，提高应急反应能力。

除了实时数据分析和情景模拟，预测模型在应急响应优化中也发挥着重要作用。通过分析历史数据和实时监测信息，系统可以识别出一些可能引发紧急情况的征兆和趋势。例如，某些设备运行参数出现异常波动时，系统可以预测设备故障可能引发的连锁反应，并提前发出预警，指导船员进行检查和维护，避免紧急情况的发生。这种预测性维护措施不仅能够预防紧急情况，还能延长设备使用寿命，降低维护成本。

六、环境监测与管理

（一）排放监测与控制

大数据技术通过安装在船舶上的传感器和监测设备，实时监测船舶排放的关键数据。传感器采集的实时数据可以准确反映船舶的排放状况，包括船舶不同运行状态下的排放情况。系统可以实时分析排放数据，监测污染物的浓度和排放量是否符合环保标准，并及时发出警报和提醒。例如，当某种污染物的排放超过规定的限值时，系统可以自动发出警报，通知船员采取措施进行调整和控制，以减少或避免污染物排放超标。大数据技术还可以与船舶的排放控制系统集成，实现对排放的智能控制和调节。通过数据分析和预测，系统可以优化船舶的运行模式，调整发动机参数和航行策略，以降低污染物的排放量。

（二）能效管理

大数据分析在能效管理方面为船舶行业带来了重要的变革和优化。能源使用和碳排放一直是船舶行业关注的重点问题，而大数据分析技术为船舶提供了实现绿色航运的关键路径和解决方案。

通过在船舶各个关键部位安装传感器和监测设备，可以实时采集船舶的燃油消耗、电力消耗等数据。这些实时数据通过网络传输到数据中心，经过大数据分析和处理，可以生成详尽的能源消耗分析报告，包括能源消耗的时段分布、能源消耗的主要来源、能源利用效率等方面的数据。系统可以利用历史数据和实时数据，建立能源消耗预测模型，根据船舶的航行速度、负载情况、气象条件等因素，预测船舶的燃油消耗量。这样，船舶管理人员可以根据预测结果，优化航行计划和航线选择，以降低能源消耗和碳排放。通过数据分析，系统可以识别出能源消耗的瓶颈和关键问题，为船舶管理人员提供有针对性的能源管理建议。

优化策略与算法

优化策略和算法的应用为船舶的自动化运营提供了关键支持，不仅提高了航行效率和经济性，还增强了船舶的安全性和可靠性，推动了船舶行业向着智能化、高效化和可持续发展的方向不断迈进。

一、船舶航行路径优化

（一）最优路径规划算法

在船舶航行中，确定最优航行路径，可以显著影响航行的效率、成本和安全。为了找到最佳路径，航运业采用了各种数学规划和启发式算法，结合船舶的特性和环境因素进行综合考虑。

数学规划方法是一种基于数学模型的路径规划算法，它利用数学优化技术来寻找最佳路径。在船舶航行中，数学规划算法通常以船舶的燃油消耗、航程、负载和安全等因素为目标和约束条件，通过建立数学模型和求解优化问题，确定最优的航行路径。这种方法能够在考虑多个因素的情况下，找到最经济和安全的航行路径，从而降低船舶的运营成本和碳排放量。

除了数学规划方法，启发式算法也被广泛应用于船舶路径规划中。启发式算法是一种基于经验和启发式知识的搜索算法，通过不断地试探和改进，逐步寻找最优解。在船舶路径规划中，启发式算法可以根据船舶的实时位置、目标位置、海况和天气等信息，采用迭代搜索和优化策略，找到最佳的航行路径。与数学规划方法相比，启发式算法更加灵活和适应性强，能够处理复杂的航行环境和不确定性因素。

（二）实时路径优化

1. 实时数据获取

实时路径优化的关键在于实时数据获取。这些数据的准确性和及时性对于确定最佳航行路径至关重要。首先，系统需要获取实时气象数据，包括风速、风向和降雨情况等，这些数据直接影响船舶的航行安全和效率。其次，海洋流数据也是必不可少的，海洋流的方向和流速对船舶航行路径有着重要影响。最后，船舶性能参数如船速、燃油消耗率和载货量等数据也是关键因素，它们决定了船舶在不同条件下的性能表现和航行能力。

这些数据的获取主要依靠各种传感器、卫星监测系统以及船舶自身的监测系统。传感器可以安装在船舶的不同部位，用于实时监测气象和海洋环境的变化。卫星监测系统可以通过卫星定位技术获取更广域的气象和海洋数据，并实时传输到船舶上。船舶自身系统也配备了各种传感器和监测装置，用于监测船舶的性能参数和运行状态。这些数据会通过网络或者无线通信系统实时传输到路径优化系统，为船舶的实时路径优化提供数据支持。

2. 动态路径调整

首先，系统需要明确船舶的目的地，这可以是预先设定的航行目标或者根据船舶当前任务确定的目的地。其次，系统会考虑船舶当前位置，即船舶所处的经纬度坐标以及航向。最后，系统会分析实时获取的环境数据，包括实时气象数据和海洋流数据，以了解当前的环境条件，如风速、风向、海流方向和流速等。在获取了这些信息后，路径优化系统会结合船舶的性能参数，如船速、燃油消耗率等，使用优化算法（如启发式算法、遗传算法等）动态计算出最佳的航行路径。优化的目标可能是最小化船舶的燃油消耗、减少航程时间或者达到其他优化目标。系统会根据实时数据和优化算法的计算结果，动态调整船舶的航行路径，以确保船舶在当前环境条件下能够以最佳的方式前进。这种动态路径调整的过程是持续进行的，系统会不断地监测实时数据并进行优化计算，以保持船舶的航行路径始终处于最优状态。通过这种方式，船舶可以在不断变化的环境条件下实现高效、安全和经济的航行。

3. 适应变化环境和状态

当遇到突发的恶劣天气或海洋流变化时，系统会立即感知并重新评估当前的环境条件。根据实时获取的气象数据和海洋流数据，系统会重新计算船舶的最优路径，以确保航行安全和稳定。这可能涉及选择避开风暴区域、调整航向以适应海流方向等措施，最大限度地减少对船舶的不利影响。系统也会根据船舶自身的状态变化进行路径调整。例如，如果船舶的燃油消耗率发生变化，系统会相应地调整航行路径，以最小化燃油消耗并保持航行效率。同样地，如果船舶的载货量发生变化，系统也会重新评估最佳路径，以确保船舶在不同负载条件下的最优航行方案。

二、船舶航速和航行参数优化

（一）最优航速算法

最优航速算法不仅可以降低船舶的燃油消耗，提高能源利用效率，还能缩短航程时间，提高运输效率。在实际应用中，船舶运输企业可以根据具体情况选择合适的最优航速算法，并结合船舶性能和运输需求，实现船舶运输过程中的经济、安全和环保的均衡发展。

1. 船舶性能模型建立

船舶的设计特性是建立性能模型的基础。船型，即船体的几何形状和尺寸，它直接影响船舶的阻力、稳定性和操纵性能。不同的船型适用于不同的航行任务和海洋环境。在设计船舶性能模型时，需要精确地模拟船体的形状和尺寸，以预测船舶在不同航行条件下的性能表现。发动机功率直接决定了船舶的推进力和最大航速。现代船舶通常采用柴油机、燃气轮机或电力推进系统，每种动力系统都有其独特的性能特点和适用范围。为了建立准确的性能模型，必须详细描述发动机的功率输出曲线、燃油消耗特性和维护要求。

载重量包括货物、燃料、淡水和船员等总重量，这直接影响船舶的吃水深度、阻力和航行稳定性。满载状态下的船舶由于吃水较深，会增加航行阻力，从而降低航速和燃油经济性。因此，在性能模型中，需要考虑不同载重状态下的船舶性能，确保模型能够准确反映船舶在实际运营中的表现。波浪和海流会对船舶产生额外的阻力和动力干扰，影响船舶的速度和稳定性。模拟不同的海况和气象条件，可以预测船舶在各种复杂环境中的性能表现。例如，在风浪较大的情况下，船舶需要更高的推进力和更好的操纵性能以保持航线和安全航行。

2. 燃油消耗模型建立

船舶的航速直接影响燃油消耗率。通常情况下，船舶航速越快，燃油消耗率越高，这是因为航速增加会导致船舶的航行阻力显著增加。航行阻力主要由两部分组成：兴波阻力和摩擦阻力。兴波阻力是船舶在水中航行时产生的波浪阻力，而摩擦阻力则来自船体表面与水之间的摩擦。随着航速的增加，兴波阻力呈非线性增长，导致燃油消耗急剧上升。船舶引擎在不同负载下的效率会有所不同，一般在中等负载时效率最高。在低负载或高负载下，发动机的燃油效率会降低。因此，燃油消耗模型需要包含引擎效率曲线，描述引擎在不同航速和负载条件下的燃油消耗情况。这有助于优化航速，确保引擎在高效工作范围内运行，从而减少燃油消耗。船体表面的光滑程度、船体材料以及水下附着物都会影响摩擦阻力。定期清洁船体、使用低摩擦涂层等措施可以有效减少摩擦阻力，从而降低燃油消耗。燃油消耗模型需要考虑船体摩擦系数的变化，以反映不同船体状况下的燃油消耗情况。

在建立燃油消耗模型时，数学建模和实测数据的结合是关键。通过收集船舶在不同航速和海况下的燃油消耗数据，可以校准模型参数，提高模型的准确性。同时，现代计算机仿真技术也为模型的优化提供了强有力的支持。利用这些技术，可以进行大量的模拟试验，分析各种因素对燃油消耗的影响，从而进一步完善模型。

3. 最优化算法选择

最优化算法的选择应基于船舶特性、航行条件以及优化目标。一种常用的最优化算法是遗传算法，它模拟了生物进化的过程，通过遗传、变异和选择操作寻找到最优解。适用于船舶航速优化的情景，遗传算法能够考虑到船舶稳定性、燃料消耗、航行时间等多个因素，从而确定最优航速；另一种常用的最优化算法是粒子群算法，它模拟了鸟群或鱼群在搜索食物时的集体行为。粒子群算法通过不断更新粒子的位置和速度来寻找全局最优解，适用于船舶航速的优化。通过优化船舶的速度和航线，粒子群算法能够最大化航行效率，减少燃料消耗。除了遗传算法和粒子群算法，还有其他的最优化算法，如模拟退火算法、蚁群算法等，它们都可被用于确定船舶的最优航速。选择适当的算法需要考虑到船舶的具体情况和优化目标，并通过对不同算法的比较和实验验证来确定最合适的方案。

4. 目标函数定义

在船舶航速优化中，目标函数可以是多种形式，常见的包括最小化燃油消耗、最大化燃油效率或者最小化碳排放等。这些不同的目标反映了船舶航速优化所追求的不同目标和价值取向。一种是选择最小化燃油消耗作为目标函数，即希望在航行过程中尽可能减少燃油的使用量。这种目标适用于追求经济效益的航运公司，能够降低运营成本，提高利润率。另一种可能是最大化燃油效率，即在有限的燃油消耗下，尽可能实现更远的航程或更大的载重量。这种目标适用于需要长航程或大载重的船舶，能够提高航行效率，增强竞争力。此外，也可以选择最小化碳排放作为目标函数，即在航行过程中尽可能减少二氧化碳等温室气体的排放量。这种目标适用于追求环保和可持续发展的航运公司，能够降低航运业对环境的负面影响，保护海洋生态系统。无论选择哪种目标函数，都需要考虑到船舶的具体情况和航行条件，并结合最优化算法进行综合考虑和优化。合理定义目标函数，可以有效指导船舶航速的优化，提高船舶的运营效率和环境友好性。

5. 迭代计算最优航速

迭代计算最优航速是船舶性能优化中的重要步骤，它通过不断调整航速并评估每个航速下的燃油消耗率，最终确定能够使目标函数最优化的船舶最佳航速。这一过程需要建立船舶性能模型和定义目标函数。船舶性能模型考虑了船舶的设计特性、动力系统和航行条件等因素，而目标函数则是评估不同航速下的燃油消耗率。目标函数的选择取决于船舶的具体情况和优化目标，可能是最小化燃油消耗、最大化燃油效率或者最小化碳排放等。在每次迭代中，根据当前航速，利用性能模型计算出相应的燃油消耗率，并根据目标函数评估其优劣。根据评估结果，调整航速并进行下一轮迭代，直至收敛条件或迭代次数达到预定值。

最终，经过多轮迭代计算，确定能够使目标函数最优化的船舶最佳航速。这个航速是在考虑了船舶设计特性、动力系统和航行条件等因素的基础上，实现了在燃油消耗、燃油效率或碳排放等方面的最优平衡点。这样的航速选择能够提高船舶的运营效率和经济性，同时降低船舶对环境的不利影响，实现了可持续发展的目标。

（二）船舶负载优化

1. 货物负载情况分析

对于货物种类的分析，需要了解船舶当前装载的具体货物类型，如散装货物、集装箱货物、液体货物等。每种货物都有其特定的运输要求和特性，对船舶的稳定性和安全性都会产生不同的影响。了解船舶上各种货物的数量以及它们在船舶内部的分布情况，可以帮助船舶管理人员作出合理的货物摆放和装载方案，确保船舶在航行过程中保持稳定性和平衡性。实时监测和数据采集是实现货物负载情况分析的关键。通过安装传感器和监测设备，可以实时获取船舶上各种货物的重量和分布情况，并将这些数据传输到船舶管理系统中进行分析和处理。这样的数据采集系统能够提供准确、及时的货物负载信息，为船舶管理人员提供科学的决策支持。

2. 船舶性能参数考量

载重量是衡量船舶运输能力的重要指标。每艘船舶在设计和建造时都会有其特定的最大载重量，这是由船体结构、浮力、动力系统等多方面因素共同决定的。确保船舶在实际运营中不超过这个载重量，是避免船舶因过载而导致安全事故的基本要求。稳定性直接关系到船舶在各种海况下的安全表现，包括抗倾覆能力和抗浪涌能力等。为了确保船舶的稳定性，必须合理配置货物的重量和分布，避免出现偏载或集中载重的情况。通过稳定性分析，可以评估船舶在不同载重条件下的安全性，并制定相应的装载和操作策略。船体结构的设计和材料选择直接影响到船舶的强度和耐久性。不同类型的船舶，如散货船、集装箱船、油轮等，其结构设计都会有显著差异。因此，在确定船舶的最大载重量时，必须充分考虑船体结构的特性和限制，确保船舶在长时间运营中保持结构完整和安全。

3. 载重量分配方案优化

根据船舶设计和性能限制，确定船舶能够承载的最大载重量。然后，根据实际的货物种类、数量和重量分布情况，制订合理的载重量分配方案。在分配货物时，要考虑到货物的重心位置和船舶的稳定性要求，确保船舶在装载过程中保持平衡和稳定。不同类型的船舶，在设计上有着不同的结构特点和稳定性要求。在制订载重量分配方案时，必须考虑到船舶的结构强度和稳定性，并根据实际航行条件作出相应的调整和优化。最后，通过优化载重量分配方案，可以最大限度地减小船舶在航行过程中受到的外部力量影响。均匀分布的货物能够减少船舶的倾斜和摇晃，并提高船舶的稳定性和航行效率。同时，合理的载重量分配还能降低船舶结构的应力，延长船舶的使用寿命。

4. 经济性和运输效率综合考量

在船舶装载货物时，需要充分利用船舶的载货空间，尽可能装载更多的货物，以提高运输效率和经济性。合理的货物分配方案可以确保货物得到最大化的利用，减少空运和多次航行的成本，降低单位货物运输成本。燃油是船舶运营的重要成本之一，因此减少燃油消耗对于提高经济性至关重要。通过优化航速、航线和载重量分配，可以降低船舶的燃油消耗，减少能源成本，提高运输效率。同时，要优化航程时间。在货物运输中，船舶的航程时间直接影响到货物的及时性和客户满意度。因此，需要在保证经济性的前提下，尽量缩短船舶的航行时间，提高货物的运输速度和效率。

三、能源管理与节能措施优化

（一）智能节能控制系统

智能节能控制系统是一种结合船舶动力系统和负载情况的先进技术，旨在实现船舶能源的智能管理和优化控制，以减少能源浪费，提高能源利用效率。

该系统通过实时监测和数据采集，获取船舶动力系统的运行状态和能源消耗情况，包括发动机负荷、燃油消耗、电力供应等方面的数据。同时，系统还会获取船舶的负载情况，包括货物负载、乘客数量、船体载重等信息。系统利用大数据分析技术和智能算法，对采集到的数据进行深度分析和处理，以识别能源利用的优化机会和潜在的节能措施。通过对船舶动力系统和负载情况的综合分析，系统能够准确评估能源消耗情况，并提出相应的节能建议。系统根据分析结果和节能建议，实施智能节能控制策略。这包括优化发动机运行参数、调整船舶航速、合理分配电力供应等措施，以最大程度地降低能源消耗，提高船舶的能源利用效率。

（二）能源回收和利用

废热回收技术在船舶能源利用中发挥着重要作用。船舶发动机在运行过程中会产生大量的热能，这些热能如果不加以利用，会被白白浪费掉。废热回收系统，可以将这些废热转化为有用的能源。例如，利用热交换器将废热转化为蒸汽，用于船舶的辅助动力系统或供热系统，不仅提高了能源利用效率，还减少了对化石燃料的依赖。这种技术在大型船舶上尤其适用，能够显著降低燃油消耗和运营成本。船舶在行驶过程中，会产生大量的机械能，动力回收系统，可以将这些机械能转化为电能，用于船舶的照明、导航等设备。例如，安装在船舶螺旋桨或轴上的发电装置，可以在船舶航行时回收部分动力，转化为电能供船上使用。这不仅减少了主机负载，延长了设备寿命，还降低了燃油消耗和二氧化碳排放。随着技术的发展，太阳能、风能、液化天然气等清洁能源逐渐在船舶上得到应用。例如，太阳能电池板可以安装在船舶甲板上，利用太阳能为船上的电力设备供电；风力发电装置则可以利用海上强劲的风力，将此转化为电能，减少对传统能源的依赖。液化天然气作为一种清洁燃料，具有燃烧效率高、排放污染物少的优点，越来越多的船舶开始使用液化天然气替代传统柴油，从而减少温室气体排放。

这些技术的结合应用，为船舶能源回收和利用提供了广阔的前景。通过废热回收、动力回收和清洁能源技术的综合利用，船舶可以最大限度地提高能源利用效率，减少燃油消耗和排放，降低运营成本和环境污染。然而，实现这些技术的广泛应用，还需要克服一些技术和经济上的挑战。例如，废热回收系统的安装和维护成本较高，动力回收技术的效率和可靠性有待提高，清洁能源技术的应用需要进一步推广和完善。

四、维护计划优化

（一）预测性维护算法

预测性维护算法通过对船舶设备的历史运行数据进行大数据分析，挖掘其中的潜在规律和趋势。这些数据可以包括设备的运行状态、工作参数、故障记录等信息，系统通过对这些数据进行深度分析，建立起设备的运行模型和故障预测模型。算法采用机器学习和数据挖掘技术，对历史数据进行模式识别和趋势预测，预测船舶设备未来可能发生故障的时间点和概率。通过对设备的运行状况、环境条件、负载情况等因素进行综合分析，系统能够较为准确地预测出故障的发生情况。最后，基于预测结果，系统制订相应的维护计划和优化方案。这包括定期检查、预防性维护、设备更换等措施，以确保设备在最佳状态下运行，并尽量避免计划外停机和突发故障。通过科学合理地安排维护计划，船舶管理者能够最大程度地降低维护成本，提高设备的可靠性和可用性，保障船舶的安全运行。

（二）船舶健康管理系统

1. 实时监测船舶设备的运行状态

船舶健康管理系统在实时监测设备运行状态方面发挥着关键作用。通过在船舶各个关键部位配备传感器和监测装置，系统即时采集设备的运行数据，包括工作参数、温度、压力和振动等关键信息，为船舶管理者提供翔实的设备状态数据。传感器和监测装置负责实时捕获各项运行数据。例如，为发动机、电力系统和航行设备等关键部位配备温度传感器、压力传感器和振动传感器，用于监测设备的工作状态。这些传感器能够准确记录设备在运行过程中的参数变化，包括温度、压力和振动等。系统通过数据采集和传输技术将数据实时传输到监控中心或船舶管理人员的控制台。船舶管理人员可以随时通过监控系统查看设备的运行状态，判断是否存在异常情况。船舶健康管理系统能够实现对设备运行状态的全面监测和实时跟踪，无论船舶是在航行中还是停靠在港口，系统都能即及时提供设备的实时状态信息。这为船舶管理者和船员提供重要的决策支持，确保船舶安全运行。

2. 识别潜在故障和问题

基于采集到的设备运行数据，船舶健康管理系统通过数据分析和故障诊断算法，能够识别潜在的故障和问题。系统会对设备运行数据进行实时分析和比对，发现异常运行模式、异常参数变化等情况，并及时发出警报。通过预先设定的故障诊断模型和规则，系统能够快速准确地识别可能出现的故障，并提供相应的诊断结果和建议。

3. 提前采取预防性维护措施

船舶健康管理系统在识别潜在故障或异常情况时，会及时发出预警，并提供详尽的预防性维护建议。这些建议包括识别的具体问题、推荐的维护措施和维修计划，确保船舶管理人员能够及时采取行动，防患于未然。预防性维护措施是保障船舶设备正常运行和可靠性的核心。这些措施包括定期检查、更换易损件和调整设备参数。

定期检查可以及时发现潜在问题，如磨损、腐蚀或其他异常情况，使船舶管理人员在问题严重之前采取维护措施，避免发生重大故障。更换易损件则能防止由于零件磨损或老化导致的设备故障。根据实时监测数据，调整设备参数可以提高运行效率，延长设备寿命，减少故障发生的概率。通过提前采取这些预防性维护措施，船舶健康管理系统不仅提高了设备的可靠性和运行效率，还显著降低了突发故障的风险，为船舶的安全运行提供坚实保障，使船舶管理更加高效、科学和可靠。

五、数据分析和智能决策支持

（一）大数据分析技术

大数据分析技术能够对船舶运营数据进行实时监测和分析，从而及时发现潜在的问题和异常情况。例如，通过分析船舶的位置数据、速度数据和航线数据，可以实现对船舶航行状态的实时监控，及时发现航线偏离、船速异常等情况，从而采取及时的纠正措施，以确保船舶的安全和稳定运行。大数据分析技术可以帮助船舶公司优化航行策略，提高航行效率和节省燃料成本。通过对历史航行数据的分析和挖掘，可以发现航行路线的优化机会，找到更加经济和高效的航线，并根据实时的气象和海况数据作出相应的调整，最大限度地降低船舶的燃料消耗，减少碳排放。此外，大数据分析技术还可以优化船舶的维护管理和预防性维护策略。通过对船舶设备和机器的传感器数据进行分析，可以实现对船舶设备的健康状态和运行情况的实时监测，及时发现设备的故障和异常，预测设备的寿命和维护需求，提前采取维护措施，避免因设备故障导致停航和损失。

（二）数据清洗与预处理

1. 去除重复数据

在数据采集和整理的过程中，重复数据是一个常见但十分烦人的问题。

这些重复记录可能会误导分析人员，导致不准确的结果和决策。需要对数据集进行仔细审查，识别出潜在的重复记录。这可以通过比较各条记录的关键字段，例如唯一标识符或关键属性，来确定记录是否存在重复。一旦确定了重复记录，接下来就是制定合适的去重策略。这可能涉及保留第一次出现的记录，保留最后一次出现的记录，或者根据其他特定条件进行筛选。选择合适的去重策略取决于数据的特点和分析的需求。执行去重操作是下一步。这通常需要使用数据处理工具或编写脚本来自动化操作，以确保去重的准确性和高效性。在执行去重操作时，应该小心谨慎，避免误删或错误保留重复记录。通过对去重后的数据集进行随机抽样或全量比对，确保重复记录已被删除，并保留了唯一的记录，从而确保数据的一致性和可靠性。

2. 处理缺失值

在数据分析和处理过程中，缺失值是一种常见的挑战。缺失值可能由多种原因引起，如设备故障、人为操作失误或数据传输中的错误。无论原因如何，缺失值都会影响数据的完整性和可用性，从而对分析结果产生不利影响。填充法的核心思想是用合理的数值替代缺失值，从而保持数据集的完整性。填充方法有多种选择，可以根据具体情况选用平均值、中位数或众数等统计量进行填充。值得注意的是，选择处理缺失值的方法需要综合考虑数据的性质和缺失值的分布情况。在某些情况下，结合多种方法进行处理可能会取得更好的效果。

3. 处理异常值

在数据分析过程中，异常值常常是不可忽视的问题。异常值是指那些明显偏离数据集其他观测值的数据点，可能由数据录入错误、设备故障或真实但极端的现象引起。无论其来源如何，异常值都可能对分析结果产生较大影响，因此需要进行有效的识别和处理。

识别异常值的首要步骤是使用统计方法。常用的统计方法包括箱线图、标准差和四分位距等。利用均值和标准差检测异常值也是一种常见方法。对于正态分布的数据集，如果数据点超过均值加减三倍标准差的范围，则可以视为异常值。这些统计方法基于数据的分布特点，能够有效地帮助我们识别潜在的异常值。除了统计方法，可视化方法也是检测异常值的有力工具。绘制散点图、折线图或直方图，可以直观地观察数据分布及其异常点。在识别异常值后，如何处理这些数据点是一个关键问题。处理异常值的方法主要有两种：修正和剔除。修正方法适用于那些由数据录入错误或设备故障引起的异常值。通过查找原始记录或使用合理的推断方法，可以对这些异常值进行修正。

对于那些无法修正的异常值，尤其是由真实但极端现象引起的异常值，剔除可能是更好的选择。剔除异常值可以避免其对数据分析结果的扭曲，从而提高分析的准确性和可靠性。然而，剔除异常值时需要谨慎，确保不误删有意义的真实数据。为了平衡数据完整性和分析准确性，可以采用分层剔除或逐步剔除的方法，逐步剔除明显异常的极端值，同时保留相对温和的离群点，以尽量保留数据的多样性和代表性。

4. 数据格式转换

在进行数据分析之前，确保数据的格式和类型正确非常重要。数据的正确格式和类型可以保证分析的准确性和可靠性，同时确保了后续分析和建模的顺利进行。而数据格式转换则是在这个过程中不可或缺的一步，特别是当数据包含不同类型的信息时。

数据格式转换通常涉及将一种数据类型转换为另一种数据类型，最常见的情况是将文本型数据转换为数值型数据，或者将日期型数据进行格式化。这种转换可以通过各种数据处理工具或编程语言来完成，具体操作取决于数据的来源和所用工具。例如，对于文本型数据转换为数值型数据，可能涉及去除非数值字符、将文本转换为数字，或者处理缺失值等操作。而对于日期型数据的格式化，可能需要将不同的日期格式统一为一种格式，或者将日期转换为时间戳等数字形式。

5. 数据归一化或标准化

数据归一化或标准化是数据预处理过程中的重要步骤，它能够消除数据之间的量纲差异，确保数据具有可比性和可靠性。在数据分析和建模中，由于数据来源的多样性和数据特征的不同，经常会遇到数据的尺度或单位不一致的情况。例如，某些特征的数值范围可能较大，而另一些特征的数值范围较小，这样的数据分布会导致模型在训练和预测过程中出现偏差，降低了模型的准确性和稳定性。在实际应用中，选择合适的归一化或标准化方法取决于数据的特征和分布情况，以及所用算法的要求。通过数据归一化或标准化处理，能够提高数据分析和建模的效果，使得模型更加稳健和可靠。

（三）智能决策支持系统

智能决策支持系统在船舶运营中起着至关重要的作用，它基于数据分析的结果，为船舶管理者和船员提供智能化的决策支持，帮助他们制定优化的运营策略和应对方案。

1. 数据集成和分析

智能决策支持系统通过数据集成功能，将来自不同源头的数据整合到一个统一的平台上。这些数据可以包括来自船舶传感器、航行记录仪、天气预报等多个方面的信息。首先，通过数据集成，系统能够实现对船舶运营全过程的全面监控和管理，为决策提供充分的数据基础。其次，通过对数据的分析，系统能够识别出数据中的模式、趋势和异常，从而为船舶管理者和船员提供及时的决策支持。例如，系统可以分析航行数据，识别出最优的航线和航速；分析环境数据，预测未来的天气变化和海况；分析船舶性能数据，优化发动机运行参数，减少能源消耗；等等。最后，系统还能够通过可视化的方式呈现分析结果，为船舶管理者和船员提供直观的决策参考。通过图表、报表、地图等形式展示数据分析的结果，使用户能够清晰地了解当前的运营情况和未来的发展趋势，从而更加科学地制定决策和规划。

2. 实时监测和预警

系统通过连接船舶上的各种传感器和监测设备，实时采集船舶运营过程中的关键数据，包括船舶状态、环境条件、机舱设备运行状态等。这些数据经过实时处理和分析，系统能够对船舶的运行情况进行全面监测。系统利用预设的规则和算法，对监测到的数据进行实时分析和比对。一旦发现与预设规则不符合或超过设定阈值的情况，系统会立即发出预警信号。这些预警信息可以通过多种方式传达给船舶管理者和船员，如声音报警、视觉警示、手机短信等。在发出预警后，系统会根据具体情况提供相应的处理建议，帮助船舶管理者和船员采取正确的行动，避免事故的发生。例如，针对机舱设备异常，系统可能建议关闭设备并进行检修；针对恶劣天气预警，系统可能建议调整航行路线或准备好紧急救援措施。

3. 知识管理和经验积累

智能决策支持系统通过对船舶运营过程中的各种数据进行分析和挖掘，提取其中的关键信息和经验教训。这些信息和经验可以涵盖船舶性能、环境条件、操作规程、应急处理等方面，对船舶运营的各个环节进行全面覆盖。

在知识库中，存储了各类航行规则、技术标准、操作流程等知识性内容；而在经验库中，存储了船舶运营过程中的实际案例、故障处理经验、突发事件应对方案等实践性经验。系统能够根据具体需求，灵活地调用知识库和经验库中的内容，为决策提供参考和支持。无论是船舶的航行规划、设备维护、应急处理还是风险评估，系统都能够根据历史数据和经验教训，为决策提供可靠的依据和建议。

六、自主导航和船舶自动化控制

（一）自主导航算法

自主导航算法依靠先进的导航系统，如全球定位系统、惯性导航系统（INS）等，实现对船舶位置和航向的准确监测和控制。通过与这些导航系统的无缝集成，船舶可以实现精准的定位和导航，避免了传统导航中可能出现的误差和偏差，大大提高了航行的精度和可靠性。自主导航算法利用传感器技术，如雷达、激光雷达、摄像头等，对船舶周围的环境进行实时监测和感知。通过对周围水域、其他船只和障碍物的识别和分析，船舶可以及时发现潜在的危险和障碍，并作出相应的避让和调整，保证航行的安全性和稳定性。此外，自主导航算法还可以通过智能决策和规划，实现船舶航线的优化和路径规划。基于对海洋环境、天气条件和船舶性能的全面分析，船舶可以选择最佳的航线和航速，以实现航行时间的最小化和能源消耗的优化，从而提高航行的效率和经济性。

（二）智能船舶控制系统

智能船舶控制系统整合了船舶的各个系统，包括导航系统、动力系统、通信系统、环境监测系统等，通过数据共享和信息交互，实现了系统之间的协调和统一控制。这种集成化的设计使船舶能够实现全面监测和实时控制，对船舶的运行状态和环境条件进行全面感知和精准调控。智能船舶控制系统利用先进的传感器技术和数据处理算法，实现了船舶的智能化监测和预测。通过对船舶周围环境、船体状态和设备运行情况的持续监测和分析，系统可以及时发现潜在的问题和风险，并采取相应的预防和控制措施，有效降低了事故发生的可能性。智能船舶控制系统还具备自动化操作的能力，能够实现船舶的自主导航、自动停泊、自动对接等功能。这种自动化操作不仅可以减轻船员的工作负担，提高工作效率，还能够降低人为误操作的风险，保障船舶和船员的安全。

第 9 章

未来展望与趋势

随着科技的飞速发展和航运业的不断变革，智能船舶机舱自动化技术正逐渐成为船舶行业的重要趋势。未来，随着人工智能、大数据分析、机器学习等先进技术的不断应用，智能船舶机舱自动化将呈现出智能化、高效化和可持续化的发展方向。

智能船舶机舱自动化将实现更高级别的智能化。通过整合各类传感器、监控设备和数据分析系统，船舶机舱将实现实时数据采集、智能分析和自动化控制，使船舶的运行更加智能化和自适应。智能船舶机舱自动化将不断提高运营效率和航行安全性。通过对大数据的深度分析和机器学习的应用，智能系统可以实现对船舶运行状态的精准监测、故障预测和智能化决策支持，及时发现和解决潜在问题，提高航行安全性和运营效率。智能船舶机舱自动化还将积极响应环保要求，实现船舶运营的可持续发展。通过优化能源利用、降低排放、推广清洁能源等措施，智能船舶机舱将成为绿色航运的重要支撑，为保护海洋环境和促进可持续发展作出积极贡献。

智能船舶机舱自动化的未来发展方向

一、智能化控制与监测

智能化控制与监测技术将成为船舶业迈向智能化、高效化和可持续化的关键引擎。随着技术的不断进步和应用的不断推广，智能船舶将成为未来船舶运营的主流趋势，为全球航运业的可持续发展作出积极贡献。

（一）高级传感器技术

1. 多功能性

未来的高级传感器技术将为智能船舶机舱带来革命性的变革。这些高级传感器将能够监测机舱内部的湿度。湿度在船舶运营中是一个至关重要的参数，特别是在密闭的机舱环境中，湿度的变化可能影响到船舶设备的正常运行。通过实时监测湿度，船舶管理人员可以及时采取措施，确保机舱内部的湿度处于合适的范围，避免设备受潮或腐蚀的情况发生。船舶机舱中可能存在各种气体，如燃料气体、排放气体等，这些气体的浓度变化可能对船舶设备和船员的健康造成影响。通过实时监测气体浓度，船舶管理人员可以及时发现气体泄漏或浓度超标的情况，并采取相应的应对措施，确保机舱内部的空气质量达到标准要求。船舶的电气系统是船舶运行的重要组成部分，电气参数的变化可能影响到船舶设备的正常运行和安全性。通过实时监测电气参数，船舶管理人员可以及时发现电气故障或异常情况，并采取相应的维修措施，确保船舶的电气系统处于正常运行状态。

2. 高精度性

未来的高级传感器技术将为智能船舶机舱带来精准监测和评估的能力，为船舶运营提供更可靠的支持。这些高级传感器具备了更高的精度和准确性，能够实现对机舱运行状态的精准监测，以及对微小变化的快速响应，从而提高了机舱运行的稳定性和安全性。

传感器技术的进步使得传感器能够以前所未有的精度和准确性进行数据采集。无论是温度、压力、振动还是其他参数，这些传感器能够实时地监测机舱内部的状态变化，并将数据传输到监控系统进行分析。通过精确的数据，使船舶管理人员可以更准确地了解机舱内部的情况，及时发现潜在的问题，采取相应的措施，确保船舶运行的安全和稳定。除了传感器本身的精度，先进的信号处理算法也是实现高精度监测的关键。这些算法能够对传感器采集的数据进行实时处理和分析，识别出微小变化和异常情况，并将其反馈给船舶管理人员。这种快速响应的能力使得船舶管理人员能够在问题出现之前就采取预防性措施，避免了可能带来的不利影响，提高了机舱运行的稳定性和安全性。

3. 实时性

高级传感器技术将实现对船舶机舱运行状态的实时监测和数据采集，为船舱管理人员提供及时准确的信息，以保障船舶的安全和运营效率。这些传感器能够实时地监测机舱内部的各种参数，如温度、压力、振动等，以及设备的运行状态，将数据实时传输到监控系统或云端平台。船舶管理人员可以通过监控系统随时随地查看机舱的运行情况，无论是在船舶上还是岸上，都能及时了解船舶的状态。实时监测和数据采集使得船舶管理人员能够迅速作出反应。一旦发现机舱内部出现异常情况或设备运行状态不佳，船舶管理人员可以立即采取相应的措施，及时排除故障，避免事故的发生。例如，如果传感器检测到机舱内部的温度异常升高，可能意味着设备出现了故障或漏油等问题，船舶管理人员可以立即对该设备进行检查和维修，以避免更严重的后果发生。此外，实时监测和数据采集还可以帮助船舶管理人员进行运营决策。通过实时了解船舶的运行情况，船舶管理人员可以及时调整船舶的航线和速度，提高船舶的运营效率，节约燃料成本。同时，可以根据实时监测数据作出预防性维护计划，提前进行设备维护，延长设备的使用寿命，降低维修成本。

4. 自适应性

未来的高级传感器技术将具备强大的自适应性，为船舶机舱的智能化提供了重要支持。在船舶运行中，面对不同的环境和工况是不可避免的。例如，船舶在海上航行时，可能会面临恶劣的海洋环境，如大风浪、剧烈震动等。这些环境可能会对传感器的正常工作产生影响，导致数据采集得不准确或者中断。然而，具备自适应性的高级传感器能够在遇到这些情况时自动调节工作模式和防护措施，确保传感器仍然能够正常运行。例如，传感器可以自动调节采集频率或灵敏度，以适应当前的环境条件；同时，传感器还可以增加防护措施，如防水、防震等，保护传感器免受外部干扰的影响。

除了适应环境的变化外，高级传感器还具备适应工况变化的能力。船舶在运行过程中，可能会经历不同的工况，如起航、航行、停泊等。这些工况对传感器的要求也不同．例如，在船舶起航时，可能会出现较大的振动和加速度，而在航行时，则更关注船舶的稳定性和船体变形情况。高级传感器能够根据不同工况自动调节工作参数，保证传感器在各种工况下都能够正常工作，为船舶运营提供准确可靠的数据支持。

5. 网络化

通过网络化的传感器系统，船舶可以实现对各个机舱设备和系统的集中监控。传感器之间通过网络连接，实现实时数据的传输和共享，船舶管理人员可以通过监控系统随时了解船舶各个部位的运行状态和参数变化。例如，船舶可以实时监测主机的温度、压力、振动等参数，以及辅助设备如冷却系统、润滑系统等的运行情况，从而及时发现异常情况并采取相应措施。传感器系统可以与船舶的监控系统、自动化控制系统、维修管理系统等进行连接，实现数据的共享和信息的交互。例如，当传感器检测到机舱内部温度异常升高时，可以自动向监控系统发送警报，并触发自动化控制系统进行相应调节，同时向维修管理系统发送维修请求，以便船舶管理人员及时处理问题，保障船舶的安全和稳定运行。

（二）人工智能与机器学习

人工智能和机器学习技术在智能机舱自动化中具有广阔的应用前景。它们可以通过对大量数据的分析和学习，实现设备的智能诊断、预测性维护和运行参数优化，提高船舶运营的效率和可靠性。

1. 故障诊断与预测性维护

人工智能和机器学习（ML）技术在船舶故障诊断与预测性维护中的应用，标志着船舶管理进入了一个全新的智能化时代。通过对大量运行数据的分析，这些技术能够提前识别潜在的故障模式和趋势，提供及时的预警和维护建议，避免设备的意外停机和重大损坏，显著提高船舶的运行效率和安全性。这不仅为船舶管理人员提供了强大的工具，也为船舶业的未来发展开辟了新的道路。

AI 和 ML 技术能够通过对运行数据的深度分析，识别出设备在不同状态下的运行特征和潜在的故障模式。例如，通过分析发动机的振动数据，AI 系统可以识别出特定的振动模式，这些模式可能暗示着轴承的早期磨损。传统的方法往往需要等到故障明显影响设备性能时才被发现，而 AI 系统可以在问题刚刚出现时就发出警报，使得管理人员能够在问题恶化之前采取行动。这种提前预警和预测性维护的能力，大大减少了设备的意外停机时间和维修成本。以船舶发动机为例，若能够在轴承磨损初期就进行维护和更换，不仅可以避免发动机的重大损坏，还可以确保船舶的连续运行，避免因紧急维修而导致的延误和额外费用。AI 系统通过对数据的实时监控和分析，能够精确预测设备的剩余使用寿命，帮助船舶管理人员制订合理的维护计划，优化资源配置，提高设备的可靠性。此外，AI 和 ML 技术的自学习能力使其能够不断优化故障诊断和预测模型。通过持续的运行数据收集和分析，AI 系统能够不断更新和调整故障模式识别算法，提高诊断的准确性和预警的及时性。这种动态调整和优化的能力，确保了 AI 系统始终能够适应设备的实际运行情况，并提供最有效的维护建议。

2. 运行参数优化

在船舶运营中，优化运行参数是提高性能和效率的关键。人工智能和机器学习技术在这方面展示了显著的优势。AI 和 ML 技术首先通过实时监测系统获取船舶的各种运行数据，包括引擎的燃油供给、船速、航线以及环境条件如风速、海况等。传统的船舶运营方式通常依赖于经验和固定的参数设定，难以应对不断变化的环境和运行条件。而 AI 系统则可以根据实时数据，进行迅速而准确的调整。例如，在风力和海流变化的情况下，AI 可以调整引擎的燃油供给和船速，使船舶始终处于最经济的燃油消耗状态。此外，AI 和 ML 技术具备强大的数据分析能力。通过对大量历史数据的学习，AI 系统能够识别出最优的运行模式和参数设定。例如，通过分析不同航线、载重和海况下的燃油消耗数据，AI 可以为船舶提供最佳航线建议，不仅能缩短航行时间，还能大幅降低燃油消耗。这种基于数据驱动的决策，不仅提高了船舶的运营效率，还显著降低了运营成本。

随着运行数据的不断积累，AI 系统可以不断优化其算法和模型，逐步提高优化运行参数的精度和效率。每次航行中的数据都将成为系统学习和改进的素材，使其在未来的应用中更加智能和高效。通过这种持续的优化和调整，AI 系统能够不断提升船舶的整体性能，确保其在各种环境条件下都能实现最佳运行。优化运行参数不仅提高了设备的性能和效率，也显著降低了燃油消耗和运营成本。船舶管理人员可以依赖 AI 系统提供的智能建议，作出更科学和高效的决策，保障船舶在复杂多变的环境中依然能保持高效运营。未来，随着 AI 和 ML 技术的进一步发展和应用，船舶运营将变得更加智能化和自动化，为航运业带来更大的效益和竞争力。

3. 智能诊断与维护建议

AI 和 ML 技术可以实时监测船舶各个设备的运行状态和性能参数。它们可以分析传感器数据、设备日志和其他监测信息，识别出设备可能存在的异常行为或潜在问题。例如，当发动机温度突然升高或振动异常时，系统可以立即发出警报，并提供可能的故障原因。

它们可以根据设备的工作状态和性能参数，识别出可能存在的故障原因，并提出相应的维护措施和建议。例如，当传感器数据显示润滑油温度异常升高时，系统可以建议船员检查润滑系统，排除可能的润滑油泄漏或润滑油循环故障等问题。通过不断分析设备的运行数据和维护历史纪录，系统可以不断改进诊断算法和维护建议模型，提高诊断的准确性和可靠性。这将帮助船舶管理人员更快速地定位和解决故障，降低维护成本，提高船舶的可靠性和运行效率。

4. 持续学习和优化

AI 和 ML 系统可以从历史数据中学习设备的运行特征和故障模式。它们可以分析大量的设备运行数据和维护记录，识别出设备的常见故障模式和特征，建立起对设备运行状态的认知和理解。通过这种学习，系统可以更好地识别和预测设备可能出现的问题，提高诊断的准确性和可靠性。

AI 和 ML 系统可以通过监测设备的实际运行情况和维护历史数据，不断调整和优化诊断算法和模型参数，以适应不断变化的运行环境和需求。通过这种持续优化，系统可以不断提升其诊断和预测能力，更准确地判断设备的健康状态和故障风险，为船舶运营提供更可靠的支持和保障。

（三）自适应控制系统

自适应控制系统是未来智能船舶技术的关键组成部分，具有强大的学习和调整能力。它们能够根据实时监测数据和外部环境变化，自动优化控制策略，使船舶在复杂和动态的海洋环境中保持最佳运行状态。

1. 实时数据分析与学习

自适应控制系统通过集成先进的传感器网络，实时收集船舶的运行数据和环境参数。这些数据包括温度、压力、振动、风速、海浪高度等。利用 AI 和 ML 算法，自适应控制系统能够分析这些数据，识别设备运行中的模式和趋势，从而调整控制策略。例如，当风速和浪高突然变化时，系统可以调整船速和方向，以保持最佳航行状态。

2. 自动优化控制策略

自适应控制系统具备动态优化能力，能够根据实时数据调整设备的运行参数。通过对比当前运行状态与历史最佳状态，系统可以自动优化燃油供给、发动机功率和航行速度等参数，从而提高能源效率和设备性能。例如，在航行过程中，系统可以不断调整燃油供给，确保引擎以最经济的燃油消耗率运行，延长设备寿命并减少运营成本。

3. 应对复杂海洋环境

自适应控制系统特别适用于应对复杂的海洋环境。海洋环境变化多端，传统的固定控制策略往往难以应对。自适应控制系统通过实时监测和调整，可以迅速响应环境变化，保持船舶的稳定性和安全性。例如，在遇到突发的恶劣天气时，系统可以自动调整船舶的航行参数，降低风险，提高安全性。

4. 提高能源效率和设备寿命

通过优化运行参数和控制策略，自适应控制系统能够显著提高能源效率和设备寿命。系统能够避免不必要的设备过载和磨损，减少维护频率和成本。例如，通过精确控制冷却系统的运行参数，系统可以防止发动机过热，延长其使用寿命。同时，优化的燃油消耗策略可以大幅降低航行中的燃料使用，减少碳排放，实现绿色航运。

二、系统集成与互操作性

（一）集成化平台

未来的智能船舶机舱自动化系统将实现更高水平的集成化，通过统一的平台架构实现各个子系统的数据共享和协同控制，同时提供更全面的系统优化和管理功能，为船舶运营带来更多的便利和效益。

1. 统一平台架构

统一平台架构将提供一个集成化的管理和控制中心，使船舶管理人员可以通过统一的界面实时监控和控制整个机舱系统。无论是动力系统的运行情况，还是燃油消耗的数据，都可以在同一个平台上进行集中管理和分析，实现对船舶运营的全面掌控。通过统一的数据接口和通信协议，不同的子系统不仅可以实现数据共享和信息交换，还可以实现信息的高效流动和共享。例如，动力系统可以实时获取燃油管理系统提供的燃油消耗数据，根据实时需求调整燃油供给，从而实现能源的高效利用。

2. 数据共享和集中管理

集成化平台将实现数据共享。各个子系统，如动力系统、冷却系统、燃油管理系统等，将通过统一的平台实现数据的共享和交换。无论是温度、压力、振动等基本参数，还是更复杂的运行状态和性能数据，都可以在集成化平台上进行集中管理和共享。这样，船舶管理人员可以通过一个统一的界面获取到各个子系统的实时数据，快速了解船舶的运行状况。

所有的运行数据将被集中存储在统一的数据中心或云端平台中，实现对数据的集中管理和分析。船舶管理人员可以通过统一的数据管理系统，对数据进行存储、备份和分析，为船舶的运营决策提供可靠的数据支持。而且，集中管理的数据还可以通过云端平台实现远程访问，使船舶管理人员可以随时随地获取到数据，进行实时监控和管理。

3. 智能化决策支持

集成化平台通过实时监测和数据分析，为船舶提供了全面的运行状态信息。船舶管理人员可以通过平台随时了解船舶各个子系统的运行情况，包括设备的工作状态、性能参数、健康状况等。这种实时监测和数据展示功能为管理人员提供了及时的运行状态反馈，帮助他们全面了解船舶的运行情况。通过对历史数据和实时数据的分析，平台可以识别出设备可能出现的故障模式和趋势，并提前发出维护警报。这种预测性维护建议可以帮助管理人员及时采取预防措施，避免设备故障和停机，保障船舶的安全和稳定运行。

集成化平台还可以为船舶管理人员提供智能化决策支持。通过对各个子系统数据的综合分析和综合，平台可以为管理人员提供科学的决策建议，帮助他们作出合理的运营决策。这种智能化决策支持功能可以提高管理人员的决策水平和运营效率，为船舶的安全和稳定运行提供保障。

4. 可扩展性和灵活性

集成化平台具备较高的可扩展性，可以根据船舶的特定需求进行定制。船舶可以根据自身的运营需求和特点，选择适合的子系统和功能模块，并根据实际情况进行灵活地扩展和升级。例如，一艘液化天然气运输船可能需要更强大的液化天然气处理系统，而一艘集装箱货轮可能更注重货物追踪和集装箱管理系统。集成化平台可以根据不同船舶的需求，提供定制化的解决方案，满足其特定的运营需求。船舶在运营过程中可能会面临不断变化的运营需求和环境条件，而集成化平台可以根据这些变化进行灵活调整和优化。例如，船舶在不同航次或不同海域可能需要调整设备的运行参数和工作策略，而集成化平台可以根据实时监测数据和船舶运行情况，对船舶进行相应的调整和优化，以满足船舶的实际需求。

（二）标准化与互操作性

标准化技术将在智能船舶机舱中发挥重要作用。通过制定统一的技术标准和通信协议，可以规范各个子系统和设备的设计和实现，确保它们之间的兼容性和互操作性。例如，制定统一的数据格式和接口标准，使得不同厂商的传感器、控制器和监测设备可以无缝连接和通信，实现数据的共享和交换。互操作性将成为智能船舶机舱自动化的关键特征。各个子系统和设备应该具备良好的互操作性，能够与其他系统和设备实现无缝集成和协同工作。通过统一的数据接口和通信协议，不同厂商的设备可以实现互联互通，实现数据的共享和传输，从而提高系统的整体效率和性能。

（三）远程监控与管理

随着物联网技术的不断发展，船舶上的各种设备和系统将被智能化地连接到互联网上，形成一个庞大的网络。这些设备将配备传感器和通信模块，能够实时采集和传输设备运行数据到云端服务器。船舶管理人员可以通过网络平台访问这些数据，实时监控船舶的运行状态和设备性能。无论身处何地，他们都可以通过手机、平板计算机或计算机随时查看船舶的运行情况。通过远程控制系统，船舶管理人员可以远程调整设备的运行参数，进行远程操作和控制。当设备出现故障或异常情况时，远程故障诊断系统可以通过分析传感器数据和设备状态，提供智能诊断和解决方案。这样，船舶管理人员可以及时采取措施，避免因设备故障造成损失和停航。

三、节能与环保

（一）能源管理系统

未来的智能机舱自动化将致力于实现更高效的能源管理系统。这一系统将利用先进的监测和控制技术，实现对船舶能源消耗的实时优化，从而减少能源浪费，提高能源利用效率。通过安装高精度的传感器和监测设备，系统可以实时监测船舶各个系统的能源消耗情况，包括发动机、电力系统、冷却系统等。同时，系统还可以分析船舶的航行状态、航线和环境条件等因素，为能源消耗提供全面的数据支持。

智能能源管理系统将采用先进的控制技术，实现对能源消耗的实时优化。通过自动调节燃油供给和混合比例，系统还可以提高发动机的燃烧效率，减少燃料消耗。同时，系统还可以利用废热回收技术，将发动机产生的废热转化为电能或机械能，进一步提高能源利用效率。通过先进的算法和模型，系统可以预测船舶未来的能源需求，提前采取措施进行调节和优化。同时，系统还可以根据船舶的航行计划和运营需求，制定最佳的能源消耗策略，确保船舶在各种运行条件下都能够实现最佳的能源利用效率。

（二）绿色环保技术

　　未来的智能船舶机舱将积极采用绿色环保技术，以减少对海洋和环境的不良影响，推动航运业向着可持续发展的方向迈进。其中，一项重要的举措是采用低排放的燃料和先进的废气处理装置。船舶可以选择使用低硫燃料或液化天然气等清洁能源，以降低氮氧化物、硫氧化物和颗粒物等有害气体的排放量。同时，装备高效的废气处理装置，如 SCR（Selective Catalytic Reduction）和 DPF（Diesel Particulate Filter）等技术，可以进一步净化废气排放，降低对大气的污染。通过优化设计和使用先进的空气循环系统，可以有效地控制船舶内部的温度和湿度，减少能源消耗。同时，采用低噪声的设备和隔音材料，可以降低船舶在航行中产生的噪声水平，减少对海洋生物的干扰。

　　这些绿色环保技术的应用将有助于智能船舶满足日益严格的环保法规和标准，减少对海洋生态系统的损害，保护海洋环境的可持续发展。同时，它们也将为航运业的可持续发展作出积极的贡献，同时推动整个行业向着更加环保、高效和可持续的方向发展。

（三）可再生能源的利用

　　未来的智能船舶机舱将积极探索和利用可再生能源，以降低对化石燃料的依赖，实现更加环保和可持续的运行模式。其中，太阳能和风能是两种主要的可再生能源。一方面，太阳能电池板可以安装在船舶的甲板上，利用阳光直接转化为电能，为船舶的电力系统供电。这种清洁能源具有广泛的应用前景，在日照充足的海域，可以为船舶提供稳定的电力来源，降低燃料消耗和排放量。另一方面，风能也是智能船舶机舱可再生能源的重要来源。通过安装风力涡轮机或风帆等设备，船舶可以利用海上的风力来推动船体，减少对传统动力系统的依赖。尤其是在长途航行或停泊时，风能可以成为船舶的重要辅助动力，降低燃料消耗和运营成本。

　　这些可再生能源的利用将为智能船舶带来多重好处。首先，它们可以降低船舶的碳排放和环境影响，减少对地球气候变化的贡献。其次，它们可以减少对有限化石能源的依赖，提高船舶的能源安全性和稳定性。最后，它们可以促进航运业向着更加环保、高效和可持续的方向发展，推动整个行业迈向绿色航运的新时代。

四、智能维护与预测性维护

（一）预测性维护技术

预测性维护技术将实现对船舶各项关键设备的实时监测。通过安装传感器和监测装置，系统可以实时采集并记录设备的运行数据，包括温度、压力、振动、电流等参数。这些数据将被传输到维护系统中进行分析和处理。系统可以识别出设备运行中的异常行为和潜在问题，并预测出可能出现的故障类型和时间。通过建立设备的健康模型和故障模式，系统可以提前发出维护警报，通知相关人员进行检查和维修。系统可以根据预测的故障情况和优先级，制订合理的维护计划和方案。通过提前采取维护措施，船舶管理人员可以避免设备的突发故障和停机，保障船舶的安全运行和生产效率。

（二）智能诊断与自愈能力

智能诊断技术将实现对船舶各项关键设备的实时监测和数据分析。通过安装高级传感器和监测装置，系统可以实时采集并记录设备的运行数据，包括温度、压力、振动等参数。这些数据将被传输到智能诊断系统中进行分析和处理。系统可以识别出设备运行中的异常情况，并进行故障分析，确定故障原因和影响范围。基于已有的故障案例和知识库，系统可以提供有针对性的修复建议和措施。最后，智能诊断系统将实现自动化修复和自愈能力。当系统检测到设备出现异常情况时，可以自动启动修复程序，采取相应的措施进行修复。这可能包括自动调节设备参数、切换备用系统、发送维修指令给船员等。通过快速响应和自动化修复，智能诊断系统可以确保设备在最短时间内恢复正常运行，减少停机时间和生产损失。

（三）数字孪生技术

1. 设备状态监测

数字孪生技术的应用在智能船舶机舱领域正展现出巨大的潜力，其中之一就是设备状态监测。船舶作为海上运输的主要工具，其机舱设备的正常运行对船舶的安全和运行效率至关重要。

传统的监测手段往往局限于人工观察或简单的传感器数据采集，监测范围有限且可能存在遗漏。而通过数字孪生技术，船舶运营人员可以在虚拟环境中获取设备运行的全方位数据，包括运行参数、温度、压力、振动等关键指标，使得监测更加全面、精准。船舶机舱设备的运行状态随时都可能发生变化，需要及时地监测和响应。通过数字孪生技术，运营人员可以实时获取设备的运行数据，并对其进行监测和分析，一旦发现异常情况，可以立即采取相应的措施，避免设备故障或损坏。此外，数字孪生技术还提供了可视化的监测界面，使得监测数据更加直观和易于理解。运营人员可以通过虚拟环境中的模型和图表，直观地了解设备的运行状态和性能表现，从而高效地进行监测和管理。

2. 故障诊断

数字孪生技术在智能船舶机舱的故障诊断方面发挥着重要作用。船舶机舱设备的正常运行对船舶的安全和运行效率至关重要，一旦发生故障可能导致严重的后果。数字孪生技术可以创建设备的数字模型，模拟设备在不同工况下的运行情况。这包括设备的各种运行参数、工作状态以及与其他设备的交互等方面。通过数字模型的建立，运营人员可以在虚拟环境中对设备进行多种工况下的模拟运行，观察设备的工作特性和性能表现。当实际设备的运行数据与虚拟模型存在明显差异或异常情况时，系统可以自动识别可能的故障模式，并提供相应的警报和提示。通过数字孪生技术进行故障诊断，船舶运营人员可以提前发现设备的潜在问题，采取预防性维护措施，避免出现突发故障，减少停机时间。这不仅提高了设备的可靠性和稳定性，还降低了船舶的维护成本和运营风险。

3. 性能优化

数字孪生技术在智能船舶机舱的性能优化方面发挥着关键作用。船舶机舱设备的性能和效率直接影响船舶的运行成本和能源消耗，因此对设备进行性能优化是非常重要的。运营人员可以通过调整不同的运行参数，如燃油供给、船速、发动机负载等，模拟不同工况下设备的性能表现，并评估各种参数对设备性能的影响。数字孪生技术可以对模拟结果进行分析和比较，找出最佳的运行参数和工作策略。通过比较不同方案的性能指标，如能耗、排放、运行稳定性等，运营人员可以选择最优方案，并将其应用于实际设备的运行中。

4. 维护计划制订

数字孪生技术可以实时监测船舶机舱设备的运行状态，并及时发现潜在问题。通过与实际数据的对比，系统可以识别出设备的异常行为和可能出现的故障模式，为维护计划制订提供参考依据。基于实时监测和故障诊断结果，运营人员可以制定维护任务的优先级和时间安排。他们可以根据设备的实际状态和预测性维护建议，决定哪些设备需要优先维修，哪些可以延迟维护，从而最大程度地减少停船时间和维修成本。

5.培训与知识共享

数字孪生技术通过模拟船舶机舱及其设备的运行情况，为船舶工作人员提供了一个安全、虚拟的学习环境。新手可以在虚拟环境中进行实际操作，熟悉设备的工作原理和操作流程，提高操作技能。与此同时，经验丰富的工作人员也可以利用数字孪生技术进行进一步培训和技能提升，通过模拟复杂情况和场景，不断提高自己的技术水平。在虚拟环境中，船舶工作人员可以分享他们的经验和技巧，共同解决问题，积累宝贵的实战经验。知识共享不受时间和地域的限制，可以促进不同船舶工作人员之间的交流和合作，提高整个团队的工作效率和协作能力。通过数字孪生技术的培训与知识共享，船舶工作人员可以更好地掌握船舶机舱设备的操作技能和维护知识，提高工作效率和质量。这不仅有助于减少人为错误和事故的发生，还可以提高船舶的安全性和可靠性，为船舶运营带来更大的价值和回报。因此，数字孪生技术在培训与知识共享方面具有重要的应用前景和价值。

技术创新与应用前景

技术创新对智能船舶的发展具有重要意义，它将推动船舶行业向着更加智能化、绿色化和可持续发展的方向迈进。随着技术的不断创新和应用，智能船舶将成为未来航运业的重要发展趋势，为全球船舶运输和海洋经济的发展作出更大的贡献。

一、清洁能源应用

清洁能源应用在船舶行业的发展是推动航运业迈向可持续发展的重要举措。随着环境保护意识的增强和环保法规的日益严格，航运公司和船舶制造商开始加大对清洁能源的应用和研发力度，以减少船舶对环境的污染和对化石能源的依赖。

（一）LNG 船舶技术

1. 引入 LNG 作为主要燃料

引入 LNG 作为船舶主要燃料的转变标志着航运业在追求可持续发展方面迈出了重要一步。传统的重油或柴油燃料在燃烧过程中产生大量的有害气体和颗粒物，对海洋和大气环境造成严重污染，也对人类健康构成威胁。而采用 LNG 作为主要燃料，可以显著降低船舶的碳排放、硫氧化物和氮氧化物等污染物排放，从根本上改善了航运业的环境影响。

这种转变不仅符合国际社会对环保的呼吁，也顺应了各国政府对船舶排放标准的日益严格要求。随着航运业的发展，环保法规的不断加强，采用清洁燃料成为船舶运营的必然选择。LNG 作为一种清洁、低碳的燃料，其燃烧过程中几乎不产生颗粒物，且二氧化碳排放量较传统燃料大幅降低，能够有效减少船舶对环境的影响。此外，采用 LNG 还有助于提高船舶的燃料利用效率，因为 LNG 的燃烧过程更加充分和高效，可以降低燃料消耗并延长船舶的航程。这意味着船舶运营成本的降低，从长远来看也有利于船舶的经济效益。

2. LNG 供应基础设施建设

随着 LNG 船舶技术的推广和应用，相关的 LNG 供应基础设施将迎来发展和完善的新时代。这些基础设施包括 LNG 接收站、储存设施、加气站等，它们的建设和发展将为 LNG 船舶的运营提供可靠的支持和保障。

LNG 接收站是 LNG 供应链的重要组成部分。这些接收站通常位于海港或沿海地区，用于接收、存储和卸载液化天然气。它们具备先进的卸载和存储设备，能够满足大型 LNG 船舶的需求，并确保 LNG 的安全储存和传输。储存设施是确保 LNG 供应连续性和稳定性的关键。这些设施包括 LNG 储罐、储存罐等，用于将液化天然气储存在长期或短期的存储设备中。通过合理规划和布局，这些设施可以满足船舶对 LNG 燃料的及时供应需求，确保航行安全和运营稳定。加气站通常位于港口或船舶经常停靠的地点，用于向船舶加注 LNG 燃料。它们具备先进的加气设备和技术，能够快速、高效地完成加注作业，确保船舶的能源供应和运营正常进行。

3. 船舶设计和改造

新建船舶的设计将更加注重 LNG 的使用。设计师将在船舶的构造和动力系统方面进行优化，以适应 LNG 作为主要燃料的要求。船舶的燃气系统、储存设施和供应设备将被精心设计，以确保 LNG 的安全使用和有效利用。新建船舶将充分利用LNG的优势，实现更低的碳排放和更高的能源效率。对于已经在运营中的船舶，特别是长期使用传统燃料的船舶，可能需要进行相应的改装和更新。这可能涉及船舶的动力系统、燃气设备、储存设施等方面的调整和升级，以确保船舶能够安全、有效地使用LNG作为主要燃料。

4，技术支持和培训

船舶制造商将加强对LNG船舶技术的研发和支持。他们将致力于研发更先进的LNG船舶设计和建造技术，以满足不断增长的市场需求。同时，他们也将为船舶提供相关的技术咨询和支持，帮助他们了解LNG船舶技术的优势和应用场景。他们将组织船员参加针对LNG船舶技术的培训课程，提高他们的技术水平和应对突发情况的能力。此外，船东还将与船舶制造商和技术供应商合作，共同解决LNG船舶技术应用中的挑战和问题。最后，船员将接受相关的培训和技能提升。船舶管理公司将组织船员参加针对LNG船舶操作和维护的培训课程，培养他们熟练掌握LNG船舶的操作技术和安全管理知识。船员将学习如何正确操作和维护LNG船舶的燃气系统、存储设施以及其他关键设备，确保船舶的安全和稳定运行。

5. 政策和法规支持

随着环保意识的提升和碳排放日益引起关注，各国政府可能会采取积极的政策和法规支持LNG船舶技术的发展和推广。政府可能会出台税收优惠政策，以鼓励船舶企业和船东投资LNG船舶技术。这包括对LNG船舶的建造、改造和运营过程中的相关税收优惠政策，如减免关税、降低增值税税率等，降低企业的投资成本，提高LNG船舶的竞争力。

政府可能会制定补贴政策，以支持LNG船舶技术的研发和应用。这些补贴可能包括直接补贴、技术创新奖励、研发资金支持等，为企业提供资金上的支持和激励，促进LNG船舶技术的进一步创新和推广。此外，政府还可能通过法规和标准的制定和调整，推动LNG船舶技术的规范化和标准化。这包括对LNG船舶的设计、建造、运营和维护等方面的相关法规和标准，为LNG船舶的安全运行和规范发展提供法律保障和指导。

（二）氢能源船舶

1. 氢燃料电池技术应用

氢燃料电池技术的应用将大幅降低船舶的碳排放。相比传统的燃油动力系统，氢燃料电池技术的使用不产生尾气排放，实现了零排放航行。这对于减少航运行业对环境的影响具有重要意义，有助于保护海洋生态环境和提高空气质量。相比传统的燃油动力系统，氢燃料电池技术具有更高的能量转化效率，可以更有效地利用能源资源，以提高船舶的能源利用效率，降低运营成本。此外，氢燃料电池技术的应用还将推动船舶设计和建造的创新。船舶需要对现有的船体结构进行改造，以适应氢燃料电池系统的安装和运行。这将促进船舶设计和建造技术的进步，推动船舶业向更加清洁、高效的方向发展。

2. 氢气供应基础设施建设

氢气的生产设施将成为氢能源船舶供应链的起点。这些生产设施可以采用多种技术，如电解水制氢、天然气蒸气重整等，以获取氢气。随着技术的进步和成本的降低，氢气生产设施将变得更加普及和高效。由于氢气具有极高的能量密度，有效的存储技术至关重要。液态氢和压缩氢是目前常用的存储方式，未来还可能出现更加先进和高效的存储技术，以满足不同船舶的需求。

氢气的运输设施将确保氢气从生产地点到船舶的安全运输。这可能涉及氢气管道、氢气运输船和氢气运输罐车等设施。运输过程中需要严格的安全措施和监测系统，以确保氢气的安全运输和供应。氢气的加注设施将为船舶提供方便快捷的氢气加注服务。这些加注站点可能位于港口或特定的加注站点，为船舶提供氢气补给，以保证船舶的正常运行和航行。

3. 船舶设计和改造

在船舶设计方面，氢能源船舶将采用先进的氢燃料电池技术作为其主要动力系统。氢燃料电池系统将与电动机配合使用，使氢气和氧气反应产生电能，驱动电动机推动船舶前进。这种技术的应用将显著降低船舶的碳排放，使船舶实现零排放航行，符合全球对环境保护的要求。对于现有的船舶，也可能进行改造以适应氢能源的使用。这可能涉及船舶动力系统的改造，以将传统的燃油动力系统替换为氢燃料电池系统。同时，船舶的储氢和氢气供应系统也需要进行相应的改造，以保证氢气的安全存储和供应。船舶设计和改造的过程中，需要考虑多个方面的因素，包括技术可行性、安全性、经济性等。同时，相关的技术支持和培训也将成为推动氢能源船舶技术发展和应用的关键要素之一，以确保船舶的安全运营和管理。

4. 技术创新和研发

氢燃料电池技术的进步将是氢能源船舶发展的关键。研究人员将致力于提高氢燃料电池系统的效率、稳定性和耐久性，以实现更长的航行里程和更高的动力输出。同时，他们还将探索不同类型的氢燃料电池，如聚合物电解质燃料电池（PEMFC）和固体氧化物燃料电池（SOFC），以满足不同船舶的需求。

研究人员将努力提高氢气的储存密度和安全性，开发新型的氢气存储材料和技术，如高压氢气储罐、液态氢气储罐、氢化物储氢等，以满足船舶对氢气的需求，并确保氢气的安全使用和运输。此外，氢气供应链技术也将得到进一步的发展。研究人员将致力于建设更加完善的氢气生产、存储、运输和加注设施，以确保氢气的稳定供应和充分利用。他们还将探索新的氢气生产技术，如水电解、甲醇重整、天然气重整等，以提高氢气的生产效率和可持续性。

（三）太阳能和风能

1. 安装太阳能光伏板

将太阳能光伏板安装在船舶上是一种有效的清洁能源利用方式。船舶的甲板和其他适合的位置可以铺设太阳能光伏板，将太阳能转化为电能。通过这种方式，船舶可以在航行过程中持续获取电力，减少对传统燃料的依赖，降低碳排放。光伏板系统的设计将考虑船舶的特殊环境，确保其在海上运行时的耐用性和效率。

2. 安装风能风力发电机

风能风力发电机是另一种有效的清洁能源解决方案。风力发电机可以安装在船舶的高处，如桅杆或其他合适的结构上，利用海上风力进行电能生产。风力发电机的安装将根据船舶的设计和航行路线进行优化，以确保最大化风能利用。通过将风能转化为电能，船舶可以在各种航行条件下获得稳定的电力供应，进一步减少对传统燃料的依赖和碳排放。

3. 综合利用清洁能源

综合利用太阳能和风能，可以为船舶提供更加稳定和可持续的电力供应。船舶上安装的太阳能光伏板和风力发电机可以协同工作，确保在不同天气和环境条件下都能获得充足的电力。例如，白天晴朗时，光伏板可以高效地发电；而在风力充足的情况下，风力发电机可以提供额外的电力支持。通过这种多源清洁能源的综合利用，船舶不仅能够减少传统燃料的使用和碳排放，还能提高能源利用效率，推动航运业向更加绿色和可持续的方向发展。

（四）废热回收

废热回收技术的应用可以大幅提高船舶的能源利用效率。在传统的船舶运行中，大量的热能通过引擎和设备的运行被无谓地散失到环境中。废热回收技术则通过安装热交换器和热电转换设备，将这些废热能量重新回收并转化为电能或机械能，供船舶内部使用。这不仅减少了对外部能源的依赖，还能够为船舶的辅助设备提供稳定的能量支持，提高整体运行效率。在全球气候变化和环境污染问题日益严重的背景下，减少碳排放已经成为各行各业的共同目标。船舶作为交通运输的重要工具，其碳排放量不容忽视。通过废热回收技术，船舶可以有效降低燃油消耗，从而减少二氧化碳和其他有害气体的排放。这不仅符合国际海事组织提出的减排目标，也有助于提高全球空气质量，从而保护海洋生态环境。

对于远洋航行的船舶而言，能量的自给自足非常重要。废热回收技术通过将废热转化为电能或机械能，可以为船舶提供额外的能源支持，减少对燃油补给的需求，提高航行的自主性和安全性。在长时间的海上航行中，这种能量再利用的优势尤为突出，不仅能够节省运营成本，还可以提高船舶的续航能力和运行稳定性。最后，废热回收技术的推广和应用，还将带动相关技术和产业的发展。随着越来越多的船舶开始采用废热回收系统，市场对高效热交换器、热电转换器等设备的需求将大幅增加。这将激发相关领域的技术创新和产业升级，推动绿色航运技术的发展和进步。

二、自主化与智能化

自主化与智能化技术正在深刻地改变着航运、制造和物流等行业。它们不仅提高了效率和安全性，还促进了环保和可持续发展。随着技术的不断进步和应用的深入，未来这些技术将会在更多领域得到广泛应用，推动社会的全面进步和发展。在这一过程中，企业和组织需要积极响应技术变革，持续创新，提升自身竞争力，为行业的智能化和自主化发展贡献力量。

（一）自主航行技术

1. 自动路径规划

自动路径规划作为自主航行技术的重要组成部分，正在为航运业带来革命性的变革。传统航行中，航线的规划主要依赖船员的经验和预先制订的航行计划。然而，海洋环境复杂多变，气象条件也时常变化，船员在航行中需要不断调整航线，耗费大量时间和精力。通过自动路径规划技术，船舶能够利用实时数据，动态调整航行路线。无论是遇到恶劣天气还是复杂海域，船舶都能迅速作出反应，选择最优航线，从而缩短航行时间，节省燃料，降低运营成本。海洋中充满了未知和危险，船舶航行中面临着诸如浅滩、礁石、冰山等自然障碍，以及其他船只和海洋工程设施等人为障碍。传统导航手段依赖于船员的视觉观察和雷达探测，存在一定的盲区和误差。而自动路径规划技术通过集成多种传感器，如雷达、声呐、光学成像设备等，能够全面感知周围环境，精准识别潜在风险。结合先进的导航算法，船舶能够自主规避障碍，确保船舶安全通行。此外，自动路径规划还能在航行中动态调整航线，避开海盗活动区域和战乱海域，提高船舶和货物的安全性。

长期以来，船员在航行过程中需要进行高强度的工作，包括持续地观察、航线调整和设备操作，工作压力大，容易疲劳，进而增加了事故风险。自动路径规划技术的应用，使得船员可以将更多精力放在应对突发事件和管理其他船舶操作上。智能化的导航系统能够在航行过程中提供实时决策支持，帮助船员更好地完成航行任务。通过优化航行路线，船舶可以减少燃油消耗，降低温室气体和污染物排放，减轻对海洋环境的负面影响。自主航行技术还能够帮助船舶避开生态敏感区，保护海洋生物栖息地，促进航运业的可持续发展。

2. 实时环境感知

自主航行船舶配备了各种高精度的传感器和环境感知系统，这些系统包括雷达、声呐、光学摄像头和激光雷达等。这些设备可以实时监测船舶周围的环境情况，包括水域、船只、浮标、冰山和海洋生物等各种障碍物。通过收集和处理这些数据，船舶可以对周围环境有一个全面的了解，并及时作出相应的反应和决策。

当船舶感知到周围环境中存在障碍物或其他船只时，系统会立即发出警告，并自动启动避碰程序。通过分析传感器数据，船舶可以确定最安全的航行路径，并自主调整航向和速度，避免与障碍物发生碰撞，保障航行安全。传感器系统可以在各种复杂的海洋环境中工作，包括恶劣天气、浓雾和海况恶劣等情况下。在这些情况下，船舶的自主航行能力尤为重要，它可以帮助船舶及时应对突发情况，保证航行的顺利进行。

3. 智能避障系统

智能避障系统的工作原理是基于传感器收集到的环境数据进行实时分析和处理。传感器包括雷达、激光雷达、声呐、光学摄像头等，能够全方位地监测船舶周围的情况，包括其他船只、浮标、冰山等各种障碍物。通过这些传感器提供的数据，智能避障系统能够建立起对船舶周围环境的准确、全面的认知。

一旦系统检测到前方有障碍物，智能避障系统会立即启动，并利用人工智能算法计算出最优的避障路径。这种路径规划考虑了诸多因素，包括障碍物的位置、大小、运动轨迹，以及船舶的当前位置、速度和航向等。系统会自动调整船舶的航向和速度，以确保船舶能够安全、高效地绕过障碍物，继续航行。在港口中，船舶需要穿梭于各种码头、船只和装卸设施之间，智能避障系统能够帮助船舶安全、高效地进行停靠和起航操作。而在狭窄水域中，如河流和运河，智能避障系统可以帮助船舶规避岸边、船只和浮标等障碍物，确保航行安全。

4. 自主决策能力

船舶在航行过程中会面临各种挑战和风险，如恶劣天气、海况变化、机械故障等。在这些情况下，船舶管理者需要迅速作出正确的决策，以确保航行安全和船员的生命财产安全。自主决策能力使得船舶能够在遇到突发情况时，自主选择最优的航行方案。例如，在遇到恶劣天气时，船舶管理者可以根据实时气象数据和预设规则，自主决定是否继续航行、调整航向或速度，或者选择安全港避风。在机械发生故障时，船舶管理者可以自主决定是否进行紧急修复、请求技术支援，还是采取其他措施应对。

自主决策能力的提升，增强了船舶的应急响应能力和航行安全性。船舶不再完全依赖船员的人工干预，而是能够通过智能系统自主地分析、评估和应对各种情况，从而降低了人为因素对船舶安全的影响。这对于提高航行效率、降低事故风险具有重要意义。

（二）智能化船舶管理

1. 智能船舶监测

通过高精度的传感器，智能船舶监测系统能够实时采集并传输各个子系统的运行数据到中央管理系统。这些数据包括动力系统的输出功率、转速和温度，燃油管理系统的油量和消耗情况，冷却系统的温度和压力，以及导航系统的位置和航向等信息。中央管理系统能够对这些数据进行实时分析和处理，通过预设的算法和规则，快速识别出任何潜在的问题或异常情况。一旦发现异常，系统会立即向船舶管理人员发出警报，并提供相应的建议和解决方案。

智能船舶监测系统的实施，极大地提高了船舶运营的效率和安全性。运营人员可以通过统一的界面，实时监控船舶各个子系统的运行状态，及时发现问题并采取相应的措施，避免了可能导致的事故或故障的风险。此外，智能船舶监测系统还可以帮助船舶管理人员进行数据分析和性能优化。通过对历史数据的分析，可以发现系统的潜在问题和瓶颈，从而优化船舶的运行策略和维护计划，提高船舶的整体性能和效率。

2. 预测性维护

实时监测船舶各个关键子系统的运行状态和性能，智能船舶管理系统可以收集大量的运行数据。这些数据包括设备的振动、温度、压力、电流等各项指标。系统通过对这些数据进行持续的分析和比对，可以识别出设备可能出现的异常模式和故障迹象。

基于历史数据和实时监测数据，智能船舶管理系统可以建立起预测模型，通过机器学习算法不断优化和训练。这些模型可以预测出设备的寿命、维护周期和可能发生的故障类型。当系统检测到某台设备出现了与预测模型相符的异常情况时，它会自动向船舶管理人员发出警报，并提供相应的维护建议。预测性维护的实施，能够帮助船舶管理人员在设备出现故障之前就采取相应的预防措施，避免了由突发故障引起的停机时间和生产损失。此外，预测性维护还可以优化维护计划，提高维护效率和资源利用率，降低维护成本和设备损耗。

3. 智能决策支持

智能决策支持系统是智能船舶管理的重要组成部分，它利用大数据和人工智能技术，对船舶的运行数据进行综合分析，以提供科学的决策支持。

该系统通过实时监测船舶各个关键子系统的运行状态和性能，收集大量的运行数据，包括船舶位置、速度、航向、燃油消耗等参数，以及外部环境因素如天气、海况等。系统通过对这些数据进行深度分析和综合评估，可以识别出船舶运营过程中的潜在问题和优化空间。基于数据分析结果，智能决策支持系统可以提出有针对性的操作建议和优化方案。例如，在航行过程中，系统可以根据船舶当前位置和目的地、海况、预期天气等因素，计算出最佳的航行路线，并提供相应的航行速度和燃油建议，以取得最佳的航行效率和节能效果。此外，智能决策支持系统还可以结合预测性维护的结果，提前预警可能出现的设备故障和维护需求，为船舶管理人员制订合理的维护计划和应对策略提供支持。

4. 协同管理与优化

智能船舶管理系统的发展将促进船队的协同管理与优化。通过统一的平台，船舶之间可以实现数据共享和资源整合，从而实现更高水平的协同工作。这种协同管理与优化在多个方面带来了显著的好处。

船舶之间可以协调航行路线和速度，以避免冲突和提高效率。通过共享实时数据，船队管理人员可以更好地了解船舶的位置、航向和速度等信息，从而有效规划航线，避免交通拥堵和碰撞事故的发生。这样不仅可以减少船舶之间的能耗竞争，还可以最大化地利用航行资源，降低燃料消耗和碳排放。通过优化船舶的航行路线和速度，可以减少船舶的航行时间和成本，提高运输效率，降低运营成本。此外，通过合理调度船舶的运行计划，可以避免不必要的等待和停泊时间，最大限度地提高船舶的利用率，增加收入。最后，协同管理与优化还有助于增强整个船队的安全性和可靠性。通过实时监控和数据分析，船队管理人员可以及时发现和解决潜在问题，避免事故和突发情况的发生。此外，船舶之间的信息共享和协作机制也可以提高应急响应能力，确保船队在面对突发情况时能够迅速作出反应，保障船舶和船员的安全。

三、数据驱动的运营管理

（一）物联网技术应用

物联网技术使得船舶能够实现智能化监测和管理。通过在船舶上部署各种传感器和设备，可以实时监测船舶的运行状态、位置、载荷情况等信息，并将这些数据传输到岸基系统进行分析和处理。这种智能监测和管理可以帮助船舶管理人员及时了解船舶的运行状况，作出及时决策，提高船舶的安全性和运行效率。通过船舶间的无线通信，可以实现船舶之间的信息交换和共享。这种实时的信息互通可以帮助船舶之间协调合作，避免发生碰撞和冲突，提高航行安全性。同时，船舶之间的信息共享也有助于提高船舶的运输效率，优化航线规划和货物调度。物联网技术还可以实现船舶与岸基系统之间的紧密连接。通过船岸物联网系统，船舶可以与港口、船务公司、货运代理等岸基系统进行实时数据交换和协作。这种紧密的船岸协作可以提高港口的吞吐效率，优化货物装卸流程，提高航运业的整体运营效率。

（二）运营优化和决策制定

运营优化和决策制定是航运业中至关重要的环节，为数据分析的结果提供了宝贵的参考和支持。数据分析可以帮助管理团队优化航行策略。通过分析历史航线数据和实时天气情况，管理团队可以调整航速和航线，最大程度地减少航行时间和燃油消耗。例如，在面对恶劣天气或海况时，可以选择更安全的航线或减速航行，避免损失和风险。通过监测船舶设备的运行状态和性能数据，可以及时发现设备的潜在问题和故障风险。管理团队可以根据这些数据，制订合理的维护计划，提前进行预防性维护，降低停船时间和维修成本。例如，可以根据设备的工作负荷和磨损程度，合理安排维护周期和维修任务，确保设备的稳定运行和长期可靠性。

（三）预测性维护

预测性维护是航运业中一项重要的管理策略，利用数据分析技术，提前预测船舶设备可能出现的故障，并采取相应的预防性维护措施，以减少停船时间、降低维修成本，从而提高船舶的可靠性和安全性。

在过去，船舶维护通常是按照固定的时间表进行的，这种计划性维护往往会导致资源的浪费和效率的降低。而随着数据分析技术的发展，航运企业可以利用历史数据和实时监测数据，通过分析设备的运行状态和性能指标，识别出船舶潜在的故障模式和异常行为。基于这些分析结果，管理团队可以制订预防性维护计划，提前预测设备可能出现的故障，并采取相应的维护措施，如更换零部件、调整工作参数等。这种预测性维护不仅可以减少设备突发故障的发生，还可以降低维修成本和停船时间，提高船舶的可靠性和安全性。

（四）实时监控和响应

数据驱动的运营管理在航运业中扮演着至关重要的角色，其中实时监控和响应是其中不可或缺的一部分。通过实时监控船舶的运行状态和性能指标，管理团队可以及时发现任何可能影响船舶运营的异常情况或潜在问题。这些监控系统通常由各种传感器和监测设备组成，能够实时采集船舶各个方面的数据，包括机舱设备的运行参数、船体姿态、航速、位置等。

一旦监测到异常情况，监控系统会自动发出警报，通知相关的管理人员或船员。这使得管理团队能够迅速响应，采取必要的措施来解决问题，防止事态进一步恶化。例如，如果监测到某个主机的温度异常升高，可能表明存在润滑系统故障或冷却系统失效，管理团队可以立即通知船员进行检查和维修，避免更严重的设备损坏或停船事件的发生。

实时监控和响应不仅有助于保障船舶的安全运行，还可以提高运营效率和经济效益。通过及时发现并解决问题，可以减少停船时间和维修成本，保持船舶的高可用性和稳定性，从而提高运营的整体效率和客户满意度。

四、环保与可持续发展

（一）排放控制技术

未来的排放控制技术将引领船舶业迈向更加绿色和可持续的未来。随着环保法规的日益严格，开发出更高效的废气处理装置成为必然趋势。这些新型装置可以更有效地捕捉和处理废气中的有害成分，如二氧化硫、氮氧化物和一氧化碳。通过优化催化剂和反应条件，废气处理装置的净化效率将显著提高，极大地减少了污染物的排放，从源头上减少了对环境的破坏。

船舶使用海水或淡水洗涤器可以清除废气中的硫氧化物和其他污染物。未来的洗涤技术将采用先进的物理和化学处理方法，使排放物达到更严格的国际海事组织标准。这不仅有助于控制船舶的污染排放，还能保护海洋生态环境。同时，洗涤废水的处理和再利用技术将得到改进，进一步减少对海洋环境的影响，确保洗涤过程中产生的废水不会对海洋造成二次污染。新型过滤器将能够有效捕捉和过滤废气中的微小颗粒物，包括黑碳和其他固体污染物。高效的过滤器将采用多层过滤材料和纳米技术，以提高过滤效率和使用寿命，确保船舶排放的废气更加洁净，减少对大气环境的污染。

（二）循环经济应用

1. 废弃物资源化利用

船舶产生的废弃物将被视为潜在的资源，通过先进的处理和回收技术，实现废弃物的资源化利用。例如，船舶上的废旧金属、塑料、玻璃等材料可以通过回收和再制造工艺，重新进入生产循环。废水和废油则可以通过净化处理，重新用于船舶的日常运营，减少对环境的污染。

2. 物资再生利用

船舶设备和零部件在使用寿命结束后，将被拆解和再利用。通过建立专业的船舶拆解和再制造基地，旧设备和零部件可以被修复和升级，延长其使用寿命，并减少新资源的消耗。例如，发动机、泵和其他机械部件可以通过翻新和再制造，继续在新船舶或其他工业设备中使用。

3. 废弃物减量化

船舶设计和运营将更加注重减少废弃物的产生。通过优化船舶设计和运营流程，尽量减少废弃物的产生量。例如，采用可再生材料和高效设备，减少废料和废水的排放。船上还将推广使用可降解和可回收的物品，减少一次性用品的使用量，从源头上减少废弃物的产生。

五、航运数字化与智慧港口

航运数字化与智慧港口建设不仅提高了航运效率和服务质量，还为全球贸易和经济发展提供了强有力的支持。随着技术的不断进步和应用的深入，未来的航运业将变得更加智能、高效和绿色。在这一过程中，航运公司和港口运营方需要不断创新，积极引入先进技术，完善数字化管理和智能化操作，迎接航运业的数字化和智慧化新时代。

（一）数字化航运

1. 电子航海技术和智能调度系统

电子航海技术将实现航运操作的数字化和自动化。传统的纸质航海图、日志和手动导航将被电子海图、电子航海日志和自动导航系统所取代。通过卫星定位、自动识别系统和其他先进的导航技术，船舶可以实时更新航行信息，提高航行安全性和精确度。此外，电子航海技术还包括电子签证和电子港口报关，简化了船舶的入港和离港手续，提高了通关效率。船舶智能调度系统将利用大数据和人工智能技术，优化船舶的调度和航行路线。通过分析实时天气、海况、航道拥堵情况和港口作业效率等数据，智能调度系统可以为船舶提供最优的航行路线和调度方案。这不仅可以降低燃油消耗和运营成本，还能提高船舶的准点率和整体运营效率。

2. 智慧物流和货物管理

智慧物流和货物管理正在彻底改变货物运输的方式，通过全程可视化和智能化管理，使得物流变得更加高效和安全。物联网技术在这一领域的应用尤为关键。船舶上的货物通过传感器实现实时追踪和监控，确保货物在运输过程中的安全性和完整性。无论货物处于装卸、运输、仓储还是配送环节，智慧物流平台都能整合并管理这些数据，实现全程无缝连接。

智慧物流平台不仅提高了货物的运输效率，还提升了物流流程的透明度和可信度。通过智能合同和区块链技术，物流各方可以清晰地了解每一个环节的操作和状态，减少人为错误和欺诈行为。智能合同可以自动执行预设的条款和条件，确保交易的公平和准确，而区块链技术则提供了不可篡改的记录，保障了数据的真实性和可靠性。通过数据的实时采集和分析，物流企业可以优化运输路线和仓储管理，提高资源利用效率。例如，在装卸环节，通过智能系统的调度，可以最大化地利用码头资源，减少货物滞留时间。在运输过程中，智能系统可以根据实时路况和气象信息，优化运输路线，避免拥堵和延误，提高运输速度和准确性。

智慧物流的优势不仅体现在效率和安全性上，还在于其对可持续发展的贡献。通过精确地监控和管理，物流企业可以有效减少能源消耗和碳排放，实现绿色物流。同时，物联网技术的应用可以实现设备和车辆的状态监测和预防性维护，延长其使用寿命，减少资源浪费。

3. 数据分析和市场预测

航运企业将利用大数据分析和机器学习技术，对运营数据进行深度分析和预测。通过对船舶运行数据、市场需求数据和历史航运数据的分析，企业可以提前预测市场趋势和需求变化，优化运营策略。例如，通过分析航运市场的供需关系，企业可以合理安排运力和航线，避免运力过剩或不足，提高经济效益。航运数字化服务平台将为船舶运营和管理提供"一站式"数字化服务。该平台可以集成船舶管理、货物追踪、航运保险、金融服务等多种功能，为航运企业提供全方位的支持和服务。通过统一的数字化平台，企业可以更便捷地管理船舶和货物，从而提高运营效率和客户满意度。

4. 远程监控和环保管理

通过远程监控技术，航运企业可以实时监控船舶的运行状态和设备健康状况。当系统检测到异常情况时，可以及时发出警报并进行远程诊断和维护。这种远程监控与维护技术不仅可以提高设备的可靠性，还能减少船舶的停航时间和维护成本。数字化技术将助力航运企业实现环保和能效管理目标。通过数字化能效管理系统，企业可以实时监控和优化船舶的能耗情况，减少燃油消耗和排放。例如，系统可以根据实时数据调整船舶的航速和航线，以实现最佳能效。此外，数字化环保监测系统可以实时监测船舶的排放情况，确保符合环保法规要求。

（二）智慧港口建设

1. 提高港口吞吐效率

智慧港口引入了自动化装卸设备和无人驾驶运输车辆，以加快货物处理速度并降低人力成本。这些自动化设备可以根据实时的货物信息和船舶到港情况，自主调整工作节奏和优化装卸流程，提高装卸效率。同时，无人驾驶运输车辆可以实现货物的快速运输，避免了人为操作误差和交通拥堵，进一步提高了货物处理速度和港口运营效率。传感器可以实时监测货物的位置、状态和运输过程中的环境参数，确保货物在运输过程中的安全和完整。同时，RFID 标签可以实现对货物的追踪和管理，减少了货物丢失和误装的风险，提高了仓储效率和货物处理速度。通过优化货物流程和提高货物信息的可视化程度，智慧港口能够更好地调度和管理货物，进一步提高港口整体效率。

2. 提高服务质量

通过大数据分析和人工智能技术，港口可以对货物运输和船舶停靠进行精准预测。通过分析历史运输数据、天气情况、市场需求等多维信息，港口管理团队可以预测货物到达时间、船舶停靠时间和货物种类，从而合理安排泊位和装卸设备，提前作好准备工作，提高服务水平和效率。智能客服系统可以通过自然语言处理和机器学习技术，实现对客户需求的智能识别和快速响应，以提供便捷高效的客户服务体验。同时，电子商务平台可以为客户提供在线货物跟踪、预约装卸服务、在线支付等功能，实现货物运输的全程可视化和智能化管理，提升客户满意度和忠诚度。借助大数据分析和人工智能技术，港口可以实现对货物运输和船舶停靠的精准预测和科学调度，减少船舶等待时间，提高服务效率和质量。随着技术的不断发展和应用，港口服务质量将会进一步提高，为客户和航运企业创造更大的价值。

3. 推动绿色化和可持续发展

智能能效管理系统在港口的应用至关重要。该系统可以实时监控港口的能耗情况，通过分析各个环节的能源使用数据，识别出高能耗区域和潜在的节能机会。基于这些数据，系统可以提出优化建议，如调整设备运行时间、优化装卸流程等，从而有效降低港口的整体能耗。此外，智能能效管理系统还可以实时监测港口的碳排放情况，帮助管理者及时采取措施减少碳排放，实现港口的低碳运营。智能电网通过先进的电力管理技术，可以实现电力资源的高效分配和使用，减少能源浪费。可再生能源，如太阳能、风能等，可以为港口提供清洁能源，减少对传统化石燃料的依赖。例如，港口可以在屋顶安装太阳能光伏板，利用港口周围的风能资源建设风力发电站，为港口的日常运营提供可再生能源。这不仅可以降低港口的碳排放，还能减少能源成本，提高港口的经济效益。港口在运营过程中会产生大量的垃圾和废水，如果不加以处理，将对环境造成严重污染。通过引入先进的垃圾处理技术，港口可以将垃圾分类回收，最大限度地减少垃圾填埋量，促进资源再生利用。废水回收系统则可以对港口产生的废水进行处理和再利用，如将处理后的废水用于绿化灌溉、设备清洗等，从而减少对水资源的消耗和污染。

4. 实现无缝对接和协同运作

统一的数据共享平台是实现无缝对接和协同运作的基础。通过该平台，港口能够实时获取和分享货物运输、船舶位置、港口作业等信息，从而提高供应链的透明度和效率。船舶可以在抵港前了解港口的作业情况，合理安排靠泊和装卸计划，减少等待时间，降低运营成本。通过平台获取气象信息和安全提示，船舶可以提前采取预防措施，确保航行安全。港口管理部门也可以实时监控船舶动态，及时发现和应对安全隐患。实现无缝对接和协同运作为港口的智能化和自动化发展提供了支持，提高了作业效率和服务水平，降低了人力成本和操作误差。

结语

　　智能船舶机舱自动化技术的发展标志着海运业迈入了一个全新的时代。通过先进的传感器、数据分析和自动控制系统，船舶机舱的运营变得更加高效、安全和环保。实时监测和数据分析不仅提高了船舶的能源管理水平，还显著降低了设备故障和事故风险，确保了航运的顺利进行。

　　自动化技术的应用不仅提高了船舶的运营效率，也为船员减轻了大量的劳动负担，使他们能够更加专注于决策和管理工作。智能系统可以在检测到异常情况时迅速响应，及时采取措施，防止潜在危险的发生。这样，船舶在面对复杂海况和变化多端的海洋环境时，能够更加从容应对。智能船舶机舱自动化对环境保护也起到了积极的推动作用。通过优化燃油消耗和减少污染物排放，智能船舶在实现经济效益的同时，也履行了对环境保护的责任。清洁能源和节能技术的广泛应用，使得船舶业向着更加可持续和绿色的方向发展。

　　展望未来，随着技术的不断进步，智能船舶机舱自动化将会更加普及和成熟。我们期待，未来的船舶将更加智能、环保和高效，为全球航运业带来革命性的变革。通过持续的创新和努力，智能船舶机舱自动化必将为人类的海洋探索和可持续发展作出更大的贡献。

参考文献

[1] 殷非，杨照宇，王硕丰.智能船舶发展综述［C］.上海市船舶与海洋工程学会 2016 年学术年会电气和自动化专场.上海：上海市船舶与海洋工程学会，2016：1-6.

[2] 中国船级社.智能船舶规范［S］.2015.

[3] 周志凤，黄嵘，龚瑞良.智能船舶的顶层规划与体系架构［J］.船舶，2017（3）：89-96.

[4] 龚瑞良，吉雨冠.智能船舶技术和无人驾驶技术研究［J］.船舶，2016（5）：82-87.

[5] 中国船舶工业集团公司.船舶设计实用手册：电气分册［M］.3 版.北京：国防工业出版社，2013.

[6] 中国船级社.钢质海船入级规范［M］.北京：人民交通出版社，2015.

[7] 刘伟，李江林，杨恢宏，等.智能变电站智能告警与辅助决策的实现[J].电力系统保护与控制，2011（15）：146-150.

[8] 杨智强，欧阳树林.变电设备状态检修的辅助决策系统设计与实现研究［J］.低碳技术，2016（11）：26-27.

[9] 钱之博.机舱综合监控网络设计与实时性研究 [D].大连：大连海事大学，2020.

[10] 陈志民，李江.我国船舶辅机信息化技术发展概况 [J].船舶工程，2017，39（5）：57-9.

[11] 陈超，唐文献.面向大批量定制的船舶辅机设计制造一体化集成技术研究 [J].船海工程，2008（5）：130-3.

[12] 王德智，王兆喜，相恒凯.船舶辅机电气设备节能技术探讨 [J].船舶物资与市场，2020（10）：65-6.

[13] 张盈.基于横河 CS3000 系统自控率在线监测的应用研究 [J].中国设备工程，2021（19）：169-70.

[14] 许江淮 . DCS 在电厂热工控制系统中的应用与管理维护探讨 [J]. 中国设备工程，2021（23）：86-7.

[15] 焦侬，唐石青，施聪 . 落实《船舶工业中长期发展规划》加快提高我国船舶辅机本土化水平 [J]. 上海造船，2008（2）：23-6.

[16] 富贵根，俞志刚，周果，等 . 船舶辅机前沿技术研究 [J]. 上海造船，2009（2）：20-3.

[17] 毛俊皓，何宝，焦侬，等 . 船舶辅机智能化技术应用现状及发展趋势 [J]. 船舶工程，2021，43（8）：1-3.

[18] 阳世荣，王云鹤，吴团结，等 . 船舶辅机电气设备节能技术研究 [J]. 舰船科学技术，2011，33（4）：62-4.

[19] 吴铮铮 . 对船舶辅机电节能技术的探讨 [J]. 科技风，2011（22）：66.

[20] 郑士君，孙永明 . 船舶辅机教程 [M]. 大连：大连海事大学出版社，2003.7.

[21] 李之义，胡国梁，胡甫才 . 船舶辅助机械 [M]. 北京：人民交通出版社，2001.10.

[22] 刘家伟 . 船舶辅机减振结构设计及力学特性分析 [D]. 哈尔滨：哈尔滨工程大学，2014.

[23] 万曼影 . 轮机自动化 [M]. 上海：上海交通大学出版社，2007.

[24] 郭远星 . 船舶综合控制系统的研究与设计 [D]. 杭州：浙江大学，2010.

[25] 杨泽宇 . 轮机自动化 [M]. 哈尔滨：哈尔滨工程大学出版社，2006.

[26] 李元芳 . 船舶动力定位控制系统智能算法研究 [D]. 天津：天津大学，2021.

[27] 徐智斌 . 船舶电站冗余控制系统设计及可靠性分析 [D]. 大连：大连海事大学，2020.

[28] 张达 . 船舶冷却水系统设计与研究 [D]. 上海：上海交通大学，2017.

[29] 于泓 . 船舶通风系统的设计与优化 [D]. 大连：大连理工大学，2005.

[30] 费千，卢士勋 . 船舶辅机 [M]. 大连：大连海事大学出版社，2001.